AF313214

MÉMOIRE ADDITIONNEL

AU

SYSTÈME GÉNÉRAL DE DÉFENSE EFFICACE

CONTRE LES

INONDATIONS DE L'ISÈRE

A GRENOBLE ET DANS SES VALLÉES;

DÉMONTRANT

LA NÉCESSITÉ DE COMBINER AVEC CE SYSTÉME,

L'ÉTABLISSEMENT DU CHEMIN DE FER

Par Pierre-Joseph GIRAUD.

Les erreurs sont possibles,
Y persister doit être impossible.

GRENOBLE,

MAISONVILLE ET FILS, IMPRIMEURS-LIBRAIRES,

Rue du Quai, 8.

—

1861.

GRENOBLE. — MAISONVILLE ET FILS,
imprimeurs-libraires, rue du Quai, 8.

MÉMOIRE ADDITIONNEL

AU

SYSTÈME GÉNÉRAL DE DÉFENSE EFFICACE

CONTRE LES

INONDATIONS DE L'ISÈRE

Par Pierre-Joseph GIRAUD.

INTRODUCTION.

Si les inondations, qui désolent et ruinent certaines contrées, avec plus ou moins de fréquence ou de périodicité, proviennent de causes physiques d'un ordre supérieur que rien ne peut détruire ou changer et dont il faut subir les effets, ces effets eux-mêmes, quelque intenses ou terribles qu'ils puissent devenir, ne rendent pas impuissants contre eux les efforts ou les moyens humains, s'ils sont employés avec l'intelligence, l'activité et le concours des volontés nécessaires. On peut ainsi combattre, affaiblir, maîtriser même et arrêter les effets de ces calamités dans ce qu'ils ont de plus désastreux.

Cela est vrai pour les inondations de l'Isère, dans la plaine du Graisivaudan, en amont et en aval de Grenoble, et dans cette ville. — Oui, quand on le voudra sérieusement, Grenoble et ses vallées cesseront de souffrir des débordements de l'Isère. C'est parce que le fléau est trop grand et trop ancien que la possibilité de le faire cesser trouve toujours des incrédules. — Cela n'est cependant pas moins naïf que de penser que le bien et le mal doivent rester livrés à leurs causes naturelles, et qu'il n'y a rien à faire, ou à peu près, pour l'un, contre l'autre ! — Mais c'est tout simplement nier les lois et les conditions des choses humaines, dans un siècle et dans un temps étonnants de progrès et de perfectionnements. — Ainsi, à l'égard du fléau des inondations de l'Isère, plus il est grand et ancien, plus on doit être disposé à le réprimer par l'usage et l'application des moyens dont l'efficacité se trouve démontrée par les faits, par l'observation et par l'expérience.

Après l'inondation des 1er et 2 novembre 1859, tout semblait faire espérer que des mesures complètes, et cette fois, définitives, allaient être prises. Les dommages et les pertes causés par les eaux agissaient sur l'esprit des intéressés et sur celui de l'Autorité. — Une circulaire du ministre de l'intérieur aux préfets, du 23 décembre 1859, leur prescrivait de s'occuper activement des affaires *capitales* de leurs départements respectifs, pour les mener promptement à bonne fin. Une lettre de l'Empereur à son ministre d'Etat, du 5 janvier 1860, provoquait l'exécution des plus grands travaux d'utilité publique, et y appliquait les cent soixante millions restés disponibles sur les fonds de la guerre d'Italie, outre ceux qui y étaient déjà destinés par le budget. Enfin, un rapport à l'Empereur, par le ministre des travaux publics, du 25 février 1860, mentionnait le triste état des ouvrages de défense contre l'Isère, depuis les inondations de 1856 et de 1859, et il ajoutait que les études qui s'achevaient pour cette rivière permettraient de déterminer le système des travaux à adopter définitivement.

Tant de circonstances favorables ne devaient pas trouver indifférents les intéressés et les amis de leur pays. — Je connaissais les lieux, les causes des crues des l'Isère et leurs effets. J'avais observé l'inondation de novembre 1859 et l'état des principaux ouvrages défensifs. Mes idées s'étaient fixées sur les moyens les plus certains d'obvier au retour des inondations de l'Isère. Je me déterminai à publier, en avril 1860, un Mémoire sur les moyens à employer dans ce but. (On le trouve chez Maisonville et fils et Jourdan, libraires, rue du Quai, 8.) Voici le sommaire des matières :

Avant-propos. — § 1er. Considérations préliminaires. — § 2. Moyens défensifs actuels. Inondation de 1859. — § 3. Effets et enseignements de l'inondation de 1859. — § 4. Nouveau système défensif proposé contre les inondations de l'Isère. — § 5. Objections et réfutations. — § 6. Urgence et nécessité d'adopter le système proposé ou tout autre de défense générale. — § 7. Avis au syndicat de Domène. Le système général de défense est préférable. — § 8. Tableau des pertes et du triste état des vallées de l'Isère. — § 9. Montant présumé des dépenses du système proposé. — § 10. Circonstances favorables. Initiative du Gouvernement. Danger d'erreur. Conseils aux intéressés. Conclusion.

En supplément : Examen du système de M. Cunit et de celui de M. Gueymard.

Je n'ai rien à retrancher ni à changer aux explications de mon Mémoire de l'an dernier, et je me borne seulement à rappeler que le système de défense que j'ai proposé est applicable à Grenoble, et à ses deux vallées, d'amont et d'aval ; — qu'il consiste : 1° à rectifier le lit de l'Isère, en supprimant seulement les principales courbes ; 2° à maintenir le lit, ainsi rectifié, comme lit ordinaire, pour le débit des eaux, basses, moyennes et autres que celles des accroissements ajoutés par les grandes crues, en ayant soin d'établir ou de conserver sur ses bords des digues en pierre arasées au niveau du sol seulement, et conséquemment submersibles, mais nécessaires pour la défense des rives ; 3° à créer un double lit extraordinaire, latéralement et juxta-posé au lit ordinaire, de manière à en tripler la surface et à quintupler environ sa capacité, pour contenir les eaux des plus grandes crues ; le double lit extraordinaire formé du sol, dans son état naturel et sans creusement, mais déterminé et clos, sur chaque rive et longitudinalement, par des bourrelets ou levées en terre, gazonnés ou clayonnés, d'une élévation supérieure aux eaux des plus grandes crues connues et placés à cent mètres au moins de distance des bords du lit ordinaire ; et 4° à ouvrir à Grenoble et au sud de la ville, de l'est à l'ouest, un canal ou lit de secours à celui actuel de la rivière qui traverse la ville et qui y déverserait ses excédants d'eau dans les fortes crues.

On trouvera dans mon Mémoire tous les détails du système proposé contre les inondations de l'Isère ; mais il était nécessaire de les indiquer ici en substance. Ce système est le plus simple, le plus rationnel, le plus économique et en même temps le plus indispensable et le plus efficace qui puisse être adopté. Il ne rencontre d'opposition qu'à Grenoble, et cependant cette opposi-

tion est devenue l'erreur la plus positive et la plus contraire aux intérêts de la ville et de ses vallées, depuis
que le régime des eaux de l'Isère a été modifié par les
divers changements opérés et par les ouvrages pratiqués
sur son parcours, en amont de Grenoble.

Plus d'une année s'est écoulée depuis que le ministre
des travaux publics disait, dans son rapport du 25 février 1860, que les études qui s'achevaient alors, pour
l'Isère, permettraient de déterminer le système des travaux qui devrait être définitivement adopté. — Il était
sans doute permis d'espérer qu'un système nouveau et
complet allait enfin être produit et exécuté, pour faire
cesser à l'avenir les inondations de l'Isère, et que, cette
fois, les secours de l'Etat seraient grands et suffisants;
— que les travaux partiels et incohérents des propriétaires riverains et de leurs nombreux syndicats allaient
être coordonnés, unis et faits avec ensemble; — en un
mot, qu'on allait voir appliquer à l'Isère un système
général et efficace de défense contre les inondations,
à Grenoble et dans ses deux vallées.

Ces heureuses espérances, desquelles dépend la re-
naissance de la prospérité du Graisivaudan, où en sont-
elles? Qu'a-t-on vu et qu'a-t-on fait? — Hélas! rien qui
tende énergiquement au but...! Toujours du décousu;
toujours des tâtonnements ou le contre-pied de ce qui
est nécessaire; toujours des moyens ou vicieux ou im-
parfaits, et en général le *statu quo*.

En effet, on s'est borné à réparer les dommages causés aux anciens ouvrages de défense par l'inondation de
1859, ce qui n'empêchera pas celles à venir, ni leurs
désastres; car on pourrait signaler beaucoup d'endroits

où les réparations sont plus défectueuses qu'avant la dernière inondation. Ainsi, au contour de l'Isère, près la ferme de l'hospice, à Bois-Français, sous le Versoud, les levées ont été rétablies d'une manière si bizarre et avec des vices tellement grands, qu'elles seront infailliblement détruites par les fortes crues de l'Isère, et qu'il n'est pas possible d'admettre qu'elles aient été exécutées sous la direction d'un ingénieur.

A Grenoble, une enquête a été faite sur un projet de travaux pour défendre la ville des inondations, et qui n'atteindra pas son but. — Un autre projet consiste à réduire à sept les cinquante-cinq syndicats qui existent actuellement pour l'Isère et le Drac, dans les vallées de Grenoble, projet insuffisant, qui rencontrera des difficultés qui l'entraveront, mais qui serait un progrès, au point de vue de la nécessité d'arriver à unir les divers intérêts, d'après les classements qui les séparent naturellement et dont on ne trouve pas l'application dans le projet de fusion. — Des travaux particuliers ont aussi été résolus dans quelques parties de la vallée inférieure à Grenoble.

Dans tout cela, rien de général, rien de complet, rien qui puisse faire cesser les inondations de l'Isère.... — A quoi faut-il l'imputer? — Aux préjugés et à l'erreur qui existent à Grenoble, qui mettent obstacle à la rectification du lit de l'Isère, de Lancey à Grenoble, par la suppression des grandes courbes, sans laquelle il est impossible de faire cesser les inondations dans la vallée, et qui font repousser l'idée du lit de secours en dehors de la ville, sans lequel on ne parviendra pas à la mettre elle-même à l'abri des inondations.

Il faut imputer encore le maintien du *statu quo* aux idées fixes et dominantes dans certains esprits, quelques-uns haut placés, sur l'inutilité des efforts et sur l'impuissance des moyens à employer contre les inondations, dans la vallée du Graisivaudan. — Malheureuse vallée ! ta fécondité et ta fertilité ne seront qu'un leurre tant que de telles idées subsisteront... ! Que seraient la Hollande et tant d'autres contrées, sans les ouvrages qui les défendent contre la submersion ? — Sans doute, il faut appliquer aux circonstances locales ceux des moyens divers de défense qui leur sont appropriés ; mais la vallée du Graisivaudan est peut-être plus facile que bien d'autres à préserver des inondations ; là, le système d'un lit ordinaire et d'un lit extraordinaire est indiqué par la nature et par les causes des crues de l'Isère, ainsi que par la disposition des lieux.

Je n'ai pas à revenir sur les développements du système que j'ai proposé ; ils sont contenus dans mon premier Mémoire. Mais en voyant s'éloigner l'époque où les rives de l'Isère, dans le Graisivaudan, pourront être mises à l'abri des inondations ; en voyant les faits et les causes qui se produisent, — je n'ai pu m'empêcher de publier, de nouveau, quelques réflexions sur plusieurs points qui ont des rapports très-importants avec les moyens de défense contre les inondations de l'Isère.

Il s'agit, 1° des travaux projetés à Grenoble pour défendre cette ville des inondations, et qui ont fait l'objet d'une enquête ;

2° D'un mémoire de M. Dausse, ingénieur, sur les inondations ;

3° Du chemin de fer qui va être établi sur la rive gauche de l'Isère, de Grenoble à Montmeillan ;

Et 4° de l'inaction des intéressés, de ses causes et de ce qu'ils devraient faire, au double point de vue du chemin de fer et des inondations.

Je tâcherai de prouver jusqu'à l'évidence :

Que les travaux projetés à Grenoble sont vicieux ; qu'ils ne préserveront pas la ville des inondations, et que ce résultat ne peut être obtenu que par un déversoir ou lit de secours à l'Isère, établi en dehors et au midi de la ville, lequel doit faire partie de tout bon système complet contre les inondations, dans la vallée du Graisivaudan ;

Que le système de M. Dausse est, sinon identique au mien, du moins qu'il n'en diffère que par ce qu'il a outré le principe qui lui sert de base ;

Que le chemin de fer, tel qu'il paraît tracé, sacrifie les intérêts de la vallée du Graisivaudan et présente des inconvénients graves ; qu'il y a nécessité de le combiner avec un bon système de défense contre les inondations, et que ce n'est qu'ainsi qu'il peut être établi dans les meilleures conditions possibles et se trouver aussi à l'usage de la rive droite ;

Enfin, que l'inaction des intéressés laisse le champ libre à la partie opposante de Grenoble aux principales mesures nécessaires contre les inondations, et que ces mesures, auxquelles le chemin de fer doit concourir, ne peuvent être obtenues que par des réclamations actives et générales.

§ 1.

EXAMEN DES TRAVAUX PROJETÉS A GRENOBLE CONTRE LES INONDATIONS.

J'ai fait, par écrit, une comparution dans l'enquête qui a eu lieu à la mairie de Grenoble, aux sujet des travaux, en projet, contre les inondations de la ville, et pour son assainissement. Mes observations tendaient à prouver que le but des travaux soumis à l'enquête ne serait pas atteint, et qu'il ne pouvait l'être que par un déversoir à l'Isère. J'ignore comment elles auront été envisagées; mais il me parait utile de les rendre publiques; — en voici copie :

. . . . Comparaît M. P.-J. Giraud, ancien notaire, propriétaire, domicilié à Bourgoin, originaire de Domène, vallée du Graisivaudan, lequel a dit et représenté ce qui suit :

M. le Préfet de l'Isère, par un arrêté du 14 août 1860, a ouvert une enquête publique, à la mairie de Grenoble, au sujet des travaux projetés pour assainir cette ville et la mettre à l'abri des inondations.

Pour atteindre leur but, les ouvrages et moyens nécessaires doivent procurer à la ville, d'une part, une insubmersibilité parfaite contre les eaux de l'Isère, et même du Drac, et, d'autre part, une évacuation et un écoulement, également parfaits, de toutes ses eaux intérieures, d'égoûts, pluviales et autres; — Et il ne faut pas oublier que l'Isère traverse la ville; que les quais ne sont ni complets, ni insubmersibles; que des ruisseaux et des eaux de fontaines arrivent de l'extérieur à l'intérieur de la ville, outre sept portes d'entrées principales et une infinité d'ouvertures, de formes et de dimensions diverses, existantes aux remparts.

Le système qui est proposé exige des ouvrages importants, variés et compliqués; la dépense prévue a été évaluée à un million.

La prévision de cette dépense et son double objet, attestent qu'il s'agit de satisfaire à un grand besoin de la ville et d'en écarter de grands périls, de grandes calamités. Mais la complication des ouvrages projetés, leur multiplicité, la nature et le nombre des difficultés à vaincre, ne les placent pas dans les conditions du succès. Pour le reconnaître, il suffit de comparer la situation faite à la ville par les inondations et leurs causes, avec les moyens par lesquels on espère l'en garantir.

Quand les eaux de l'Isère sont basses ou moyennes, toutes les eaux d'égoûts et intérieures de la ville trouvent et reçoivent un écoulement convenable dans le lit de la rivière; la ville n'en souffre d'aucune manière. Cet écoulement n'est imparfait ou intercepté, et le refoulement n'a lieu qu'aux époques des fortes crues de l'Isère, — et malheureusement les fortes crues sont fréquentes, — et, suivant leur intensité, la ville est inondée en plus ou moins grande partie.

D'après l'expérience et d'après un mémoire, du 4 février 1801, de M. Dausse père, ancien ingénieur en chef à Grenoble, lorsqu'une crue de l'Isère s'élève à 3^m25^c au-dessus de l'étiage, le quartier de Très-Cloîtres est déjà inondé.

Dans les siècles passés, on compte beaucoup d'inondations à Grenoble, qui ont dépassé la cote de 3^m25^c à l'étiage. Dans la partie écoulée du siécle actuel, on en compte au moins quatre : 1816, 1840, 1856 et 1859; la dernière a été de 5^m34^c au-dessus de l'étiage; elle a couvert les quatre cinquièmes environ du sol de la ville et s'est élevée à plus de deux mètres dans beaucoup de ses parties.

Comme il y a eu, dans les siècles précédents, des inondations plus grandes que celle de 1859, et à raison aussi de la surélévation du niveau résultant des obstacles que la ville et les ouvrages faits ou à faire, ne peuvent éviter d'opposer aux eaux, il y a nécessité d'admettre que la ville, en temps d'inondation, peut être immergée dans trois mètres au moins d'élévation d'eau, au-dessus du sol d'une grande partie de sa surface, — l'immersion s'étendant, en outre, à des degrés inférieurs sur le surplus de sa surface, ou à très-peu près; — et il faut remarquer que cette immersion provient, non seulement des deux rives de la partie de l'Isère qui traverse la ville, mais aussi des eaux débordées qui entourent alors les trois quarts de son enceinte; — et que si les eaux qui débordent dans les grandes crues, telles que celle de 1859, lesquelles ne rentrent qu'en aval dans le lit de l'Isère, n'en sortaient pas et y restaient, au travers de la ville, l'élévation des eaux, au-dessus de son sol, pourrait atteindre *quatre* à *cinq mètres;* on verra ci-après que ce n'est pas là une vaine supposition.

En sorte que les ouvrages projetés doivent avoir pour effet : 1° de défendre la ville, d'une manière complète et efficace, contre une immersion de 3 mètres au moins, et qui pourrait arriver à 4 ou 5 mètres, au-dessus du sol de la majeure partie de la ville, représentant 6^{m}25^c au moins, et éventuellement 7 à 8 mètres de cote au-dessus de l'étiage, à l'échelle du pont de pierres; 2° de faire écouler, dans les mêmes circonstances, mais *souterrainement,* toutes les eaux intérieures de la ville jusqu'à Pique-Pierre, où la différence du niveau avec la ville doit permettre (on le suppose du moins) de les faire déboucher, à ciel ouvert, dans le lit de la riviére.

Il faut certainement beaucoup d'art et beaucoup de science dans la conception et la confection des ouvrages et travaux soumis à l'enquête. A ce point de vue, je ne me permettrai pas de les discuter. Mais en examinant leur but, leurs conditions et circonstances, et tout ce qui s'y rencontre d'étrange, il me semble impossible de ne pas douter de leurs effets.

Comment n'en pas douter en considérant que l'entreprise consiste à faire de la ville *un grand vaisseau,* plongé, lors des inondations, dans un océan d'eau, contre l'invasion de laquelle on veut tenter de la préserver et défendre par les ouvrages proposés, — les causes et dangers de l'invasion de l'eau ne provenant pas seulement de l'extérieur, mais encore de l'intérieur et du lit de la rivière qui la traverse ? — Les craintes d'insuccès, les doutes, les incertitudes ne naissent-ils pas naturellement, partout et sur tous les points ? Peut-on se défendre de les prévoir ?

Ne suffit-il pas de réfléchir aux diverses hauteurs éventuelles des eaux et aux milliers d'ouvertures ou de fissures qui peuvent leur donner passage, malgré toutes les dispositions qui pourront être faites pour l'empêcher ? Tout aura-t-il été prévu contre leur invasion ? L'exécution des ouvrages n'aura-t-elle rien de défectueux ? Les dispositions, convenables et bonnes au moment de la confection, le seront-elles plus tard et au moment du danger ? L'entretien sera-t-il toujours parfait et évitera-t-on les oublis, la négligence, les surprises ? — Sous tous ces rapports et pour des cas analogues, l'expérience est triste et ne donne point de sécurité.

Et les infiltrations souterraines d'eau qui se manifestent dans les caves et dans les fosses, dès que les crues sont seulement moyennes, et qui sont si funestes dans toute la vallée, quelle gravité ne prendront-elles pas, à Grenoble, dans les grandes crues, par l'effet d'une pression plus forte ? — Les nombreux canaux, toutes les cavités souterraines, et le canal principal d'évacuation des eaux intérieures de la ville, ne seront-ils pas engorgés eux-mêmes par les infiltrations ou par la submersion, quels que soient les moyens pris pour l'éviter ? Ne s'y produira-t-il pas des refoulements ou des défauts d'écoulement d'eaux, et des causes particulières d'inondation de la ville ?

Les difficultés de l'entreprise, telle qu'elle est projetée, sont évidentes. Le système en appartient aux ouvrages prétendus insubmersibles, aujourd'hui condamnés. J'en conclus que le succès est incertain, qu'il ne saurait même être obtenu ; — et cela doit me permettre d'ajouter que ce système ne devrait être adopté qu'autant qu'il n'en existerait pas d'autre qui fût préférable ; — et la préférence me paraît surtout devoir être déterminée par une plus grande certitude des effets recherchés ; — et cette certitude doit être obtenue au moyen du système le plus simple et le plus naturel, qui sera aussi le plus rationnel.

Le système projeté n'est ni simple, ni naturel ; il agit par compression ou répulsion ; il laisse la ville dominée par les eaux des inondations ; il oblige à leur faire violence par des ouvrages défensifs très-compliqués, pour les repousser de la ville et pour les empêcher de pénétrer dans son sein, ou pour en expulser celles que l'on sait être inévitables ; — tout cela malgré l'élévation considérable des eaux dont la ville serait entourée dans les grandes crues. C'est un système de résistance et de lutte contre nature. C'est le *vide* qu'il s'agit d'obtenir là où le *plein* tend à s'établir naturellement et par des efforts incessants ; aucun point défensif n'échappe à leur action, — et on sait que le vide est impossible sans la perfection des ouvrages destinés à le maintenir, que les éléments de sa destruction soient l'air ou l'eau. Qui oserait garantir cette perfection indispensable des ouvrages et sa permanence à tous égards ? — Et cependant, sans cette condition, le système projeté n'atteindra pas son but...

Si Grenoble n'était pas traversé par l'Isère ; si les débordements ne l'envelopaient pas, de manière à pouvoir être envahi de toutes parts par les eaux ; si la rivière ne bordait la ville que d'un côté, on pourrait espérer de la défendre des inondations par une digue, une chaussée ou un quai insubmersible, malgré la réprobation générale qui frappe les ouvrages réputés insubmersibles, depuis que les dernières inondations ont montré leur insuffisance. — Mais, dans les conditions où est placée la ville de Grenoble, pour obtenir son insubmersibilité, c'est moins sur la ville qu'il faut opérer que sur la rivière ; ce qui exige quelques explications.

Au lieu de recourir aux moyens difficiles, compliqués et problement peu efficaces, de la défense de la ville contre l'élévation des eaux qui tendent à l'inonder, et en laissant subsister cette dangereuse élévation, il est bien plus simple, plus facile et plus sûr d'obtenir l'effet cherché en abaissant le niveau des eaux. C'est par ce moyen, tout naturel, que l'on assainit et que l'on dessèche, ordinairement, les lieux qui exigent des assainissements, tels que les marais, et tous ceux qui souffrent des eaux ou des inondations. Le moyen est infaillible, dans ses effets, toutes les fois qu'il est possible d'obtenir un abaissement suffisant du niveau des eaux, en améliorant leur écoulement.

Cet abaissement du niveau des eaux peut-il être obtenu, à Grenoble, en opérant sur le lit même de la rivière, à l'intérieur de la ville? Je ne le pense pas, et je crois que là, le lit de l'Isère ne peut pas mieux être approfondi qu'élargi. C'est, sans doute, une des causes pour lesquelles le système soumis à l'enquête laisse subsister toutes les éventualités d'élévation des eaux, et se borne à tâcher d'en défendre la ville par les ouvrages projetés, malgré toutes les incertitudes de réussite.

Mais si on ne peut pas abaisser, à un degré suffisant, le niveau des eaux, à l'intérieur de Grenoble, lors des crues de l'Isère, en agissant sur le lit même de la rivière, on le peut par une dérivation et au moyen de l'ouverture d'un lit secondaire ou de secours, qui serait établi *en dehors et au sud de la ville, de l'est à l'ouest,* puisque les eaux des débordements de l'Isère s'écoulent dans cette direction et sur le sol lui-même; l'opportunité et la nécessité de la mesure ne sont-elles pas ainsi rendues évidentes? L'effet du lit de secours serait assuré en le conduisant le plus loin possible en aval de Grenoble et en ne le faisant déboucher dans l'Isère qu'en dessous du pont du chemin de fer, c'est-à-dire, un peu en aval de Pique-Pierre. — Il aurait, en outre , pour effet de préserver Grenoble des débordements du Drac, autre avantage très-important et très-heureux pour la ville.

Il y a lieu d'être étonné que le lit de secours n'ait pas été le moyen proposé dans l'enquête ; il n'offre que des avantages et point d'inconvénients : il suffit de lui donner une profondeur d'environ trois ou quatre mètres et toute la largeur convenable ; et il procurera l'abaissement nécessaire du niveau des eaux pendant les crues de l'Isère, d'une manière d'autant plus complète, que sa largeur sera plus grande.

Quelle différence pour la ville de Grenoble de maintenir son sol au-dessus des eaux des crues des rivières qui, à défaut de ce moyen, peuvent l'inonder, et de pouvoir faire écouler toutes ses eaux intérieures, soit dans le lit actuel ou principal de l'Isère et par les moyens existants, soit en leur donnant de nouveaux

débouchés dans le lit de secours; — au lieu d'avoir à lutter
contre une élévation possible des eaux de 3 mètres au moins,
qui pourra plus tard être de 4 à 5 mètres au-dessus de son sol !
— d'être mise à l'abri des craintes d'insuccès que ne peut éviter
d'inspirer le système, véritablement inquiétant, proposé dans
l'enquête.

Le lit de secours ou secondaire à celui de l'Isère, se présente
donc, pour Grenoble, comme le meilleur moyen de mettre cette
ville à l'abri des inondations et de rendre parfait son assainissement. Mais ce lit de secours se recommande, en outre, par
d'autres considérations très-puissantes, telles que celles d'accroître les fortifications de la ville, d'être une condition essentielle de la cessation des inondations dans la banlieue de
Grenoble et dans la plaine contiguë, et de permettre les mesures
principales et indispensables pour faire également cesser les
inondations dans la vallée supérieure du Graisivaudan.

Cette vallée ne peut être mise à l'abri des inondations, entre
autres mesures, que par la suppression des grandes courbes qui
existent au lit de l'Isère, à partir de Grenoble, en remontant
jusqu'à Villard-Bonnot. Grenoble s'oppose à cette rectification
indispensable du lit de l'Isère, sous le prétexte d'un plus grand
danger d'inondation pour la ville. — Cette crainte n'est pas fon-
dée(1); mais on peut penser qu'elle a été le motif principal qui a
déterminé la présentation du système, soumis à l'enquête, contre
les inondations de la ville, au lieu du lit de secours qui serait
établi en dehors de son enceinte. — Cependant ce lit de secours
est infiniment plus conforme à ses intérêts ; cela doit paraître
démontré. Il ne laisserait subsister aucun motif d'opposition à
la suppression des principales courbes de l'Isère, et il a été dit
qu'il fait partie des moyens nécessaires pour préserver aussi des
inondations la banlieue et la plaine de Grenoble.

---

(1) On peut en lire l'explication dans mon premier Mémoire, pag. 37 et
suivantes. Les motifs qui prouvent que cette crainte est actuellement la plus
malheureuse des erreurs, sont rappelés dans plusieurs parties de ce nouveau
Mémoire.

Cette plaine, qui est une dépendance de la ville, et la vallée supérieure, ne peuvent pas rester, longtemps encore, soumises aux inondations ; il faudra les en garantir. Dès lors, les projets actuels de protection pour la ville obligent à compter avec une élévation d'eau de 4 à 5 mètres au-dessus de son sol, par l'effet des ouvrages qui feront cesser les débordements dans la plaine et feront passer toutes les eaux au travers de la ville, où est leur lit. — La conséquence inévitable, si le lit de secours n'est pas ouvert, c'est que la ville restera inondée, et à de plus grandes hauteurs qu'antérieurement...

Grenoble a besoin d'y réfléchir sérieusement. Les riverains de l'Isère, dans la vallée, ne peuvent pas tarder à se défendre, complètement et efficacement, contre les inondations ; le droit ne peut pas leur en être contesté ; l'État leur donnera son appui et des secours, comme à la ville.

Les terrains à acquérir pour le lit de secours et de protection pour la ville, et les divers ponts dont il rendra la construction nécessaire, pourront exiger une dépense plus grande que celle du système proposé dans l'enquête ; mais cette différence, quelle qu'elle puisse être, pourrait-elle être un obstacle, quand il s'agit de la préférence à donner au moyen ou système qui peut *plus sûrement, et même seul,* atteindre le but, dans l'intérêt de la ville et de toute la vallée ? Le doute n'est pas permis, devant la grandeur des intérêts.

Ces observations prouvent combien il importait, après l'inondation de 1859, et conformément au rapport à l'Empereur du ministre des travaux publics, en date du 25 février 1860, de rechercher et déterminer le meilleur système général de protection contre les inondations de l'Isère, applicable à toute la vallée du Graisivaudan, aux plaines comme à la ville.

Elles prouvent encore combien il est regrettable que Grenoble paraisse vouloir séparer ses intérêts de ceux de ses vallées, et les placer même en opposition, au point de ne proposer pour la ville, contre l'inondation, que les moyens les moins sûrs et les moins propres à sa sécurité, en éloignant ceux qui la rendraient certaine, et qui feraient cesser tout antagonisme au sujet des mesures nécessaires dans les intérêts combinés, solidaires et bien entendus, de la ville et de ses plaines.

La même faute paraît s'accomplir pour les plaines, en amont et en aval de Grenoble. Les causes restent à connaître ; mais tout ce qui a été fait depuis la dernière inondation et contre ses dégâts, n'a été que parties, par régions, sans ensemble, et suivant les différents systèmes établis. — Il n'apparaît d'aucun système nouveau, ni général. On a réparé les brèches des digues et des levées sans rien changer à l'état ancien, et même avec beaucoup d'imperfections, bien que le ministre des travaux publics ait déclaré, dans son rapport précité, que l'inondation de 1859, comme celle de 1856, avaient montré toute l'insuffisance des ouvrages exécutés jusqu'alors dans la vallée du Graisivaudan. On peut juger de ce qu'on doit en attendre, les réparations n'ayant même été qu'imparfaites ; mais à la prochaine inondation (il ne faut pas une grande perspicacité pour la prévoir), sinon avant, la vallée ouvrira les yeux sur ce qu'elle a de mieux à faire.

En l'état, l'esprit si sage, si large et si clairvoyant du rapport du ministre des travaux publics, qui s'étend à Grenoble et à ses plaines, où l'on trouve reconnu le principe de leurs intérêts communs et solidaires, qui se concilie parfaitement avec celui de leurs intérêts respectifs, ce principe si fécond et si essentiel aux bons résultats, est méconnu dans les projets de Grenoble soumis à l'enquête.

Que Grenoble se montre moins apathique et plus soigneux de ses intérêts que les riverains de l'Isère dans les plaines d'amont et d'aval, à Grenoble, cela se comprend et c'est d'un bon exemple ; — mais que, dans le choix des moyens, Grenoble puisse adopter les moins bons et les moins sûrs, que surtout il écarte ceux dont les effets, recherchés et nécessaires, ne sont pas douteux, sont plus simples et plus naturels, et qu'il le fasse par prévention, malgré qu'ils serviraient mieux ses propres intérêts, et parce qu'ils serviraient aussi ceux de ses plaines, cela ne se comprendrait pas, cela ne doit pas être possible !...

Il n'y a qu'une voie sûre de salut pour Grenoble, contre les inondations : le lit de secours ou secondaire à celui de l'Isère.

— Si on ne le faisait pas actuellement, on serait obligé de le faire plus tard.

Je me bornerai à ces observations, en y ajoutant et annexant, comme complément et comme explication de ma comparution dans l'enquête, un exemplaire de la brochure que j'ai, tout récemment, fait publier, et intitulée : *Système général de défense efficace contre les inondations de l'Isère, avec assainissement de la plaine et de la ville de Grenoble, et démonstration de l'insuffisance des principaux systèmes connus.*

En ce qui concerne Grenoble, j'appelle plus particulièrement l'attention sur le § 5, pag. 35 et suivantes, et sur la première partie du supplément, pag. 74, 75, etc.

Je pourrais citer, en faveur des parties principales du système contenu dans ma brochure, beaucoup d'ingénieurs, et des plus célèbres. Je nommerai seulement M. Dausse, fils de celui que j'ai déjà cité, également ingénieur en chef, chargé de la statistique des rivières en France et mêlé à tout ce qui se fait concernant le régime des eaux. C'est une haute autorité, et il appartient au département de l'Isère. — Après les inondations générales de 1856, il a présenté au conseil supérieur des ponts et chaussées, le 16 juin 1857, un important mémoire sur ce qu'il y avait à faire contre les inondations. Un résumé de ce travail fut lu par lui, le 30 du même mois de juin, à l'académie des sciences. — Ma brochure était imprimée quand le résumé du mémoire de M. Dausse m'a été indiqué, et que j'ai pu en prendre connaissance dans l'*Année scientifique*, 1857, de Louis Figuier.

J'ai été très-satisfait de savoir que, sans m'en douter, les vues et les idées que j'ai émises dans ma brochure contre les inondations de l'Isère, étaient généralement conformes à celles conseillées par M. Dausse dans le document précité. Cette grande autorité peut donner quelque valeur à mes propres observations, car je n'ai rien avancé ou proposé qui ne puisse être étayé par les enseignements et avis de M. Dausse.

J'ai exprimé, à la fin de ma brochure, l'espérance que la lumière finira par se faire. — Le système de protection projeté à Grenoble, contre les inondations, qui paraît contraire à cette espérance, était peut-être nécessaire à sa réalisation, soit que les incertitudes, démontrées et d'ailleurs évidentes, des effets à attendre de ce système, le fassent abandonner, soit parce qu'il deviendra, si on l'exécute, la dernière expérience, qui ne tardera pas à dissiper les dernières erreurs, les dernières ténèbres... mais, hélas! au prix d'un million de dépenses prévues et de plusieurs millions d'autres pertes et de calamités à prévoir!

Pourquoi Grenoble, se ravisant dès à présent, ne s'applique-rait-il pas, comme le plus haut et le plus salutaire conseil qu'il puisse recevoir, une des idées de l'Empereur, dans sa mémorable lettre sur les inondations, datée de Plombières, le 19 juillet 1856? Il voulait qn'on fît, à Lyon, un déversoir comme celui qui existe à Blois; il aurait, disait-il, l'avantage de préserver la ville et d'augmenter beaucoup la défense de cette place forte. Grenoble obtiendra ce double avantage par un déversoir ou lit de secours à l'Isère.

Domène, le 10 septembre 1860.

Signé : GIRAUD.

P. S. — Mes observations contre le système des ouvrages et travaux soumis à l'enquête, et sur la préférence à donner au lit de secours à l'Isère, qui serait établi en dehors de la ville, ne s'opposent nullement et n'ont rien de contraire à tout ce qui concerne l'achèvement des quais et les autres améliorations à faire dans la ville, qui seraient même facilitées par la sécurité acquise contre tout danger d'inondation et par un assainissement plus parfait.

Tel est le contenu de ma comparution, écrite, dans l'enquête ouverte et faite à la mairie de Grenoble. Comme j'aurai besoin de revenir plus loin sur le même sujet, je me bornerai à ajouter ici que si l'avis de l'Empereur, pour l'établissement à Lyon, d'un déversoir au Rhône, par les

Brotteaux ou Villeurbanne et la Guillotière, n'a pas été exécuté, c'est à raison de trop grandes difficultés à vaincre et de la dépense fabuleuse qu'il aurait exigé; mais on y supplée par l'agrandissement, surtout en profondeur, du lit du Rhône et par des ouvrages d'art très-considérables, qui ne donneront pas néanmoins une sécurité aussi complète qu'un déversoir, et il ne pouvait pas être question d'en établir pour la Saône.

A Grenoble, un déversoir ne présente ni difficultés, ni dépenses très-grandes; les bons résultats sont certains. — A son défaut, la banlieue de Grenoble, et même la ville, malgré tous autres ouvrages, resteront vouées aux inondations. — Quelle affreuse perspective...! N'y a-t-il pas nécessité de régler et contenir le débordement de l'Isère, rendu inévitable par l'insuffisance du lit actuel, en y ajoutant un déversoir ou lit supplémentaire? — Un examen sérieux rend l'affirmative incontestable et doit amener l'exécution de la mesure; elle serait résolue si l'Empereur avait pu voir, à Grenoble, un débordement de l'Isère, comme il avait vu, à Lyon, celui du Rhône.

§ II.

EXAMEN DU MÉMOIRE DE M. DAUSSE SUR LES INONDATIONS.

Le mémoire de M. Dausse, que j'ai cité, est un document trop important pour ne pas l'examiner avec une rigoureuse attention, quand on recherche les meilleurs moyens à opposer aux inondations de l'Isère.

Ce mémoire, qui a paru en juin 1857, contient des idées

neuves et pratiques sur les mesures nécessaires contre le
retour des désastreuses inondations qui ont porté la ruine
et le deuil dans tant de contrées. C'est ce savant ingénieur
qui a pris la courageuse initiative de la proscription du
système de digues, prétendues insubmersibles, qui était
aux yeux de la plupart de nos ingénieurs le *nec plus ultra*.
et le plus sûr *palladium* contre les inondations, système que
M. Dausse accuse d'être illusoire, ruineux et funeste.

Après avoir montré toute l'inutilité, tous les dangers des
digues, dites insubmersibles, et l'avoir justifié par une foule
de faits, M. Dausse en donne pour raison qu'*il n'y a pas de
limite assignable aux grandes crues des rivières*: ce qui con-
damne le malheureux système de leur endiguement excessif,
puisque l'exhaussement des digues serait par là rendu aussi
indéfini qu'impossible dans son but et dans ses moyens.

M. Dausse signale encore, comme une des causes des
inondations, la restriction opérée sur le débouché naturel
de la plupart de nos rivières, et en particulier de l'Isère, qui,
en amont de Grenoble, a subi un resserrement presque
ininterrompu.

Comme exemple à imiter, et comme indication du système
à adopter, il dit : « Je pourrais citer une vallée (celle du
« Graisivaudan), dans laquelle nos pères se contentaient de
« fixer les berges, et puis, à une plus ou moins grande dis-
« tance, de part et d'autre, d'élever des bourrelets de terre
« un peu au-dessus des crues ordinaires. Entre les bourrelets
« et les rives étaient les cultures qui craignent le moins une
« immersion passagère; derrière les bourrelets, les cultures
« plus délicates. »

M. Dausse fait remarquer que si ce système, simple et
peu coûteux, n'obvie pas entièrement aux inondations, il ne
prive pas les vallées du limon, généralement très-fécond,

que déposent les eaux ; que le système des digues trop élevées et trop rapprochées, fait augmenter extrêmement la
hauteur des crues, et que lorsqu'elles sont en même temps
trop sinueuses, disposition qui leur a été longtemps impo-
sée par principe, elles ont à essuyer, dans les grandes eaux,
le choc de courants violents qui souvent les culbutent sans
avoir pour cela besoin de les surmonter.

Le blàme infligé par M. Dausse aux digues sinueuses, et
conséquemment aux courbes des rivières qui en résultent,
vice qui avait été élevé, ainsi qu'il l'apprend, à l'honneur
et au rang d'un principe, ce blàme flétrit toute opposition
à la suppression des principales courbes de l'Isère, comme
dérivant d'un principe faux et décrépi.

En décrivant, dans mon premier Mémoire les fàcheux
effets de ces sinuosités et courbes, tels que je les avais observés, j'ai exprimé des pensées parfaitement semblables à
celles de M. Dausse, avant de l'avoir lu. — C'est qu'un
état de choses qui n'a pas essentiellement changé, produit
toujours les mêmes effets, quoiqu'ils soient observés et signalés en des temps différents. Les observations de M. Dausse,
sur les sinuosités de l'Isère, s'appliquent à leurs effets en
1856 ; — les miennes, en 1859.

Ainsi les digues, dites insubmersibles, les lits trop étroits
des rivières, leurs sinuosités, telles que les grandes courbes
de l'Isère, sont l'objet des critiques de M. Dausse.

Voici sa conclusion principale : « Qu'on garde donc les
« digues insubmersibles en les faisant, autant que possible,
« véritablement telles, pour les villes, bourgs, villages mal-
« heureusement bàtis dans les lieux trop bas ; (il ne parle
« ici évidemment, et cela résulte de son Mémoire, que des
« lieux où il n'y a pas possibilité de faire autrement et
« mieux) ; mais que, pour les vallées elles-mêmes, on se con-
« tente de digues arasées à la hauteur des berges, les fixant

« et *les redressant* convenablement, et réservant un lit, ni
« trop étroit, ni trop large ; et puis, qu'à une certaine dis-
« tance de ce lit, la plus grande possible, on élève des bour-
« relets de terre un peu au-dessus des crues ordinaires ;
« qu'on renonce, s'il le faut, à certaines cultures ou qu'on
« les restreigne aux terrains les moins exposés ; s'il y a des
« affluents torrentiels qui risquent d'encombrer la rivière,
« qu'on ait grand soin d'alonger leur cours, afin de les
« faire aboutir presque parallèlement à la rivière, et avec
« une pente peu différente de la sienne, et qu'on les jette
« pour cela, autant qu'il se peut, dans les délaissés ; (avis
« pour le torrent de Domène, qui débouche à angle droit
« dans l'Isère, et pour d'autres qui sont dans le même cas) ;
« que les redressements soient étudiés avec grand soin dans
« cette vue, et non sans avoir longuement entendu les rive-
« rains qui savent seuls une foule de faits dont il importe
« extrêmement de tenir compte, et que jamais autrement
« on ne saurait tous prévoir. »

Cette dernière observation honore d'autant plus l'ingénieur qui l'a faite, qu'elle est plus rare et même différente
de l'esprit le plus général du corps savant auquel il appartient ; le véritable talent ne dédaigne pas d'écouter le simple
sens commun et d'en recevoir des renseignements spéciaux.

M. Dausse considère les risques des grandes crues comme
inévitables. Pour y parer, il engage le Gouvernement à favo-
riser la formation de Compagnies d'assurance mutuelle.

Ayant enfin examiné quelques cas et moyens particuliers,
M. Dausse termine ainsi : « Il faut par-dessus tout, selon
« moi, peu à peu, (pourquoi n'avoir pas dit : le plus tôt pos-
« sible ?) revenir au système simple, économique, raison-
« nable que je viens d'indiquer, et se bien garder de recou-
« rir encore aux digues insubmersibles. »

Tous les travaux projetés à Grenoble, contre les inondations de la ville, appartiennent bien positivement au système
réprouvé des digues et ouvrages insubmersibles; M. Dausse
ne les admet, en pareil cas, qu'à titre de nécessité malheureuse, lorsque rien de mieux n'est possible; et comme
Grenoble peut être protégé par un moyen plus sûr (un
déversoir ou lit de secours), ce moyen ne doit-il pas être
employé, par préférence à tout autre système, à tous autres
moyens ?

L'analyse que je viens de faire du Mémoire de M. Dausse,
doit prouver que son système de défense contre les inondations des rivières en général, — et nul ne pouvait mieux
que lui le caractériser, en l'appelant économique, simple et
raisonnable, — doit prouver, dis-je, que ce système peut
être considéré comme reposant sur les mêmes idées fonda-
mentales que celui que j'ai proposé, pour l'Isère, dans mon
premier Mémoire. La comparaison est facile, les rapproche-
ments sont frappants : pas de lit trop étroit, pas de digues
trop élevées, ni sinueuses, et dès lors pas de grandes courbes, réaliser ces conditions au moyen de deux lits, l'un
ordinaire et l'autre extraordinaire; le premier, fixé par des
digues arasées au sol des berges, et conséquemment submersibles; le second, formé du sol naturel et, sur chaque côté
du premier, à la distance nécessaire pour une largeur convenable, plutôt grande que restreinte; le lit extraordinaire étant déterminé et contenu par des bourrelets en
terre un peu plus élevés *que les crues ordinaires*, suivant
M. Dausse, et un peu plus élevés *que les plus grandes crues
connues*, selon moi. — C'est là la seule différence un peu
grave entre nos deux systèmes; celui de M. Dausse ne
pourvoit qu'aux crues ordinaires, le mien réprime les plus
grandes crues connues.

Eh bien ! à cet égard, on peut penser que M. Dausse a
été entraîné par un excès de logique du principe qu'*il n'y a*

pas de limite assignable aux grandes crues des rivières. Ce principe est vrai, et M. Dausse a été fondé à le poser contre les digues prétendues insubmersibles; mais il en a trop étendu les conséquences, pour rendre plus irrémissible leur condamnation; elles étaient déjà suffisamment compromises par les vices d'application qui les accompagnent toujours, tels que le resserrement des rivières, les causes de destruction résultant d'un exhaussement qu'il faut successivement, et même incessamment, entretenir ou augmenter, etc.

Les risques d'inondation que le système de M. Dausse laisse subsister, sont compensés, à ses yeux, par les avantages qu'il attribue aux dépôts de limon apportés aux terres par les eaux des grandes crues. — Mais ces dépôts n'ont quelque mérite, actuellement, que pour les bas-fonds, qui restent incultes; et depuis que la plaine est livrée à des cultures riches et dispendieuses (elle n'était anciennement que marais, bois et pâturages), tous les riverains viendront déclarer, s'il le faut, qu'ils s'estimeraient heureux d'être privés du limon et exempts des inondations.

D'ailleurs, pour les bas-fonds, mon système ne s'oppose nullement à y faire opérer des dépôts de limon, pendant les crues, en y amenant les eaux au moyen de canaux, de vannes et d'ouvrages convenables, pour en régler la prise et le retour à la rivière. — Mais il faut savoir aussi que les bas-fonds, devenus rares, sont précieux et estimés par les herbes aquatiques et les litières abondantes qu'ils fournissent.

Ces observations condamnent le système des bourrelets ou levées de terre établis transversalement à la plaine et perpendiculairement au cours de la rivière, système qui a encore des partisans, comme étant favorable au colmatage et aux dépôts de limon. — Mais l'état de la plaine ne permet plus d'y voir un système général; il serait aujourd'hui un contresens; il ferait renaître l'état ancien de la plaine, en marécages, bois et pâturages ; au lieu de détruire les inondations, il les convertirait en système réglé ; tandis que la richesse actuelle du sol et de ses cultures exige de les en préserver, et on n'y parviendra qu'avec le système des deux lits à l'Isère, préconisé par M. Dausse, mais avec des restrictions regrettables et, à mon avis, inadmissibles, ainsi que j'ai commencé à l'établir, et que je vais achever de le faire.

Il ne reste plus qu'à considérer si le principe qui sert de base aux déductions de M. Dausse n'est pas, comme à peu près toute règle, soumis à des exceptions, et si les crues des rivières sont effectivement sans limite.

Cet aspect du principe est nécessaire pour en fixer le sens ; il oblige à en réduire les conséquences extrêmes.

Faudrait-il y voir, pour le globe terrestre et pour ses habitants, la menace d'un nouveau déluge universel, quoi qu'il leur ait été promis qu'il n'y en aurait plus après celui de Noé ? — Quant aux déluges particuliers de l'Isère, ils sont malheureusement trop fréquents ; mais on en connaît les cotes d'étiage, depuis plusieurs siècles. L'inondation de 1859 a été, sinon la plus forte, du moins une des plus fortes.

Or, pourquoi la plus forte inondation connue ne serait-elle pas prise pour base d'un système de défense, rationnel et efficace, contre celles à venir, alors que la possibilité en est démontrée ? — Les crues ordinaires sont de 3 à 4 mètres au-dessus de l'étiage ; celles extraordinaires n'ont jamais atteint 7 mètres, et on peut considérer 6 à 7 mètres comme leur maximum d'élévation, dont 3 mètres et plus seraient contenus par le lit naturel ; en sorte qu'il faudrait des ouvrages protecteurs, contre le surplus d'élévation des crues, pour trois autres mètres environ.

Mais il faut se garder d'une méprise ; l'élévation des crues précitées est basée sur l'échelle d'étiage et prise au lit ordinaire ; mais il est bien évident que l'expansion des eaux et leur plus libre écoulement dans un lit, tant ordi-

naire, qu'extraordinaire et rectifié, en abaisseront considé-
rablement le niveau ; toute capacité d'un récipient s'augmente avec celle de la hauteur ou de la largeur : le volume
d'un cours d'eau diminue ou augmente , suivant qu'on fait
disparaître ou qu'on laisse subsister les obstacles à son
écoulement. C'est pour cela qu'il ne faut pas refuser au lit
de l'Isère une grande largeur, ainsi que les rectifications
indispensables au libre écoulement des eaux ; et alors les
bourrelets ou levées en terre n'exigeront plus qu'une élévation d'environ deux mètres, sauf des variations suivant celles
des lieux ; — c'est là ce qu'il faut savoir et ne pas perdre
de vue.

Il serait donc très-malheureux de borner les moyens de
défense aux crues ordinaires, quand ils peuvent s'étendre
aux crues extraordinaires et dont les limites ont été obser-
vées. Pourquoi ne pas reconnaître ces limites et les moyens
de sécurité qu'elles permettent, quand elles n'ont pas été
dépassées depuis plusieurs siècles ?

Que nul ne connaisse, comme l'a dit M. Dausse, la loi
des crues démesurées des rivières ; — que rien, comme il
le dit encore , de ce que possède l'homme ici-bas ne soit à
l'abri de toute chance ; — cela doit-il empêcher les mesures
de conservation nécessaires ou autoriser à les laisser imparfaites, relativement aux causes nuisibles qui sont connues
et auxquelles on peut opposer des moyens complets, également connus ? N'est-ce pas ce qu'exige l'observation de
la partie la plus essentielle des lois d'une bonne administration ?

Il faut bien remarquer que, dans son extension rigoureuse,
le principe invoqué par M. Dausse suppose un cataclysme
tout-à-fait inouï ; de telle sorte qu'effrayé de ce qui n'est
jamais arrivé, il reste en arrière d'un grand besoin signalé
et limité par les faits qui sont arrivés. Tandis qu'en se défen-
dant contre un évènement de crue d'eau, la plus grande

qui soit connue depuis, par exemple, trois siècles, il est bien certain qu'on aura fait tout ce qu'une sage prévoyance peut conseiller, que l'on y trouvera toute la garantie qu'il est humainement possible d'obtenir, et qu'il y aurait incurie à ne pas le faire.

En supposant l'entière adoption et exécution de mon système, si l'on me faisait cette question : croyez-vous qu'il rendra désormais toute nouvelle inondation de l'Isère impossible ? — En pleine conviction, ma réponse serait affirmative, pourvu que le système fût rigoureusement appliqué et nullement altéré, et que les ouvrages ne fussent aucunement défectueux.

Comme je ne prétends pas nier que l'imperfection est inhérente aux œuvres humaines, je reconnais, à ce point de vue, avec M. Dausse, que rien ici-bas n'est exempt de chances, ou de risques et d'incertitudes ; mais cela ramène la nécessité, au lieu de la repousser, des mesures et moyens conseillés par la sagesse et par la prévoyance pour, s'en défendre.

L'effet et la garantie de mon système ne seront peut-être pas complets de prime abord ; tout pourra n'être pas immédiatement parfait. L'œuvre est trop grande pour être sans tâche dès sa naissance ; mais, essentiellement bonne par sa nature, elle admettra tous les perfectionnements que l'expérience fera juger nécessaires. Le point capital, c'est qu'il n'y aura plus de tâtonnement, d'incohérence possibles ; le fonds, ou système, sera définitif et ne devra plus changer ; il ne restera qu'à l'entretenir et à le perfectionner, suivant qu'il y aura lieu. La simplicité du système facilitera cet entretien et ce perfectionnement en les rendant peu coûteux.

Je suis heureux que ma dissidence avec M. Dausse n'affecte qu'un point de détail important, et quelques autres qui le sont moins. Bien que je n'aie connu que tardivement son

Mémoire, je peux invoquer actuellement son système à l'appui du mien, car les bases sont les mêmes, malgré qu'il n'y ait pas identité de système, et la célébrité de M. Dausse peut venir en aide à ma nullité. A cause d'elle, je le crois, certain lecteur de mon premier Mémoire. à défaut d'une opposition raisonnée, s'est borné à alléguer qu'il ne contenait *rien de nouveau.*

C'est avec des opinions à peine critiques et qui ne reposent pas sur un examen suffisant, qu'on jette, sinon le blâme, du moins l'indifférence sur les meilleures choses, — indifférence semblable à la *force d'inertie,* qui est la plus puissante des résistances : elle est le plus grand obstacle au bien public. Les efforts qui tendent à l'obtenir devraient être d'autant mieux accueillis et secondés que les moyens en sont moins nouveaux et mieux connus.

Ce lecteur indifférent n'avait même pas remarqué que j'avais fait l'observation, page 66 du Mémoire, qu'effectivement il ne contenait presque rien de nouveau, en ajoutant néanmoins que j'avais créé un système de toutes pièces ; en sorte qu'il pourra m'être permis de revendiquer le corps du système tant qu'une existence antérieure, identique et due à autrui, ne sera pas justifiée. Je désire cette justification, par le motif qu'elle pourra être favorable à l'application d'un système qui est, à mes yeux, tout ce qui peut être fait de plus utile pour le pays.

§ III.

CHEMIN DE FER A ÉTABLIR DANS LA VALLÉE DU GRAISIVAUDAN
(RIVE GAUCHE DE L'ISÈRE).

Le Gouvernement a résolu de relier Grenoble à la Savoie par un chemin de fer à établir dans la vallée du Graisivaudan. (Décrets des 1er et 31 août 1860).

Dans cette vallée on se préoccupe moins du chemin de fer en lui-même et de son établissement, que du point de savoir s'il aura, oui ou non, quelque effet contre les inondations de l'Isère : c'est que les inondations sont le grand fléau de la vallée ; c'est que le chemin de fer présente un puissant moyen à leur opposer ; c'est qu'il en dépend la plus heureuse occasion, pour beaucoup des ouvrages nécessaires, d'en rendre la dépense commune, et au chemin de fer, et aux riverains de l'Isère, dont la conséquence serait une grande réduction de cette dépense, en ce sens, qu'une grande partie des ouvrages serviraient aux deux classes d'intéressés et seraient, en réalité, amoindris par leur double effet.

Dès lors, au premier bruit de l'établissement du chemin de fer, l'attention des riverains s'est trouvée détournée des moyens particuliers à employer contre les inondations, dont le besoin est néanmoins si grand et si urgent, pour attendre, à cet égard, ce qui allait résulter du chemin de fer.

Qu'est-il arrivé ? — Rien encore de définitif ; mais la plus déplorable déception paraît imminente, tant sous le rapport de la voie ferrée elle-même, que des effets qu'elle aurait pu avoir contre les inondations. Il peut être encore opportun de le démontrer, puisque si le tracé du chemin

de fer est à peu près fait et fixé, divers points sont encore
à l'étude, et que, tant que l'exécution n'est pas commencée,
le mode peut être modifié sans inconvénient.

Quelques mots d'abord sur le tracé, tel du moins qu'il est
apparent.

Il part de la gare existante à l'aval de Grenoble, pour le
chemin de fer allant sur Lyon et le Midi ; il se développe dans
la plaine par un grand circuit, du côté d'Eybens et de Saint-
Martin de Poisat ; il arrive à Gières et évite l'Isère en passant
au midi du point le plus saillant de l'abominable contour que
l'île Deporte fait faire à la rivière ; et comme la grande route
joint l'Isère à ce point, au lieu de redresser cette partie
au moins du lit de la rivière, on préfère déplacer la grande
route pour faire passer le chemin de fer entre elle et l'Isère.

De ce point, qui est à l'est de Gières, le chemin de fer est
dirigé, en ligne droite, sur Lancey, où il est également
emplacé entre la grande route et l'Isère, à son point le plus
saillant de la courbe de Bois-Claret et de Lancey, dont la
rectification est aussi nécessaire que celle de l'île Deporte,
sous Gières. Cette partie du tracé abandonne aux inondations les territoires, vastes et des plus fertiles, qui resteront au nord de la ligne, sur les communes de Gières, de
Murianette, de Domène, du Versoud et du hameau de
Lancey.

Jusqu'à l'extrémité de Villardbonnot, à Brignoud. l'Isère
étant peu distante de la grande route, le tracé du chemin de
fer se prolonge entre la rivière et la route, suivant une
direction qui ne pouvait guère être différente, mais dont
les conditions auraient pu être changées et rendues meilleures, en rectifiant le lit de l'Isère entre Lancey et Bois-
Claret.

De Brignoud à Froges, Tencin, Goncelin, Pontcharra et
Montmeillan, le tracé projeté continue de passer, avec des
inflexions diverses, entre l'Isère et la grande route ; mais

II.   3 les études sont moins avancées sur ces parties du parcours ; des réclamations sont faites sur beaucoup de points, et M. de Monteynard, entre autres, a obtenu de faire étudier une nouvelle ligne sur Froges et Tencin, différente de celle du tracé, et ayant pour objet de la rapprocher davantage de l'Isère, à l'effet de protéger une plus grande partie de la plaine contre les inondations.

Au point extrême de la ligne de Pontcharra ou de la Gâche, à Montmeillan, il y a des dissidences, dit-on, pour sa fixation, entre le génie militaire, le génie civil, les communes riveraines et la Compagnie de la ligne de soudure en Savoie. Cette partie du territoire m'est moins familière, mais je sais qu'elle forme des plages ravagées par les eaux de l'Isère et par celles de divers torrents, notamment de Bréda. — Je suis convaincu que le système des deux lits, ordinaire et extraordinaire, permettrait, mieux que tout autre, là comme ailleurs, de vaincre, avec succès, toutes les difficultés.

Le tracé du projet de la ligne n'abandonne pas la rive ou côté gauche de la vallée ; il est rigoureusement maintenu le plus loin possible de l'Isère, entre elle et la grande route, sans les traverser nulle part, ni l'une ni l'autre, et sans aucune rectification des grandes courbes de l'Isère.

Parmi les intérêts que le chemin de fer doit desservir et satisfaire, il y a incontestablement ceux des habitants des deux côtés de la vallée. Il pouvait en outre devenir un moyen très-grand contre les inondations de l'Isère, cette plaie de la vallée ; les études du tracé devaient donc aussi y avoir égard.

L'intérêt des habitants de la rive droite à pouvoir user du chemin de fer, s'unit à celui de tous les propriétaires des deux rives, en ce qui concerne leur besoin d'être défendus contre les inondations ; en sorte qu'ils appellent simultanément de leurs vœux l'établissement du chemin de fer à proximité de l'Isère, ou à la distance la plus convenable à leurs intérêts et besoins communs.

Hélas ! le tracé indique que les idées contraires ont dominé, au point qu'il peut être permis de dire qu'il est fait à l'encontre des intérêts de la vallée ; et cela résulte de ce que, systématiquement, on a cru devoir le tenir trop éloigné de l'Isère. — A cet égard, dit-on, le parti est définitivement pris... On ne veut pas faire du chemin de fer un moyen contre les inondations..., la résolution serait irrévocable ! — mais les erreurs ne doivent jamais être irrévocables, surtout quand elles sont contraires au but qu'on s'est proposé et que l'erreur n'est que dans un projet non encore exécuté.

Il n'est pas douteux que le Gouvernement, en décrétant l'établissement de cette ligne ferrée, a voulu, — indépendamment des autres points de vue que cet examen n'a pas à envisager, — a voulu que la ligne fût un *bienfait* pour la contrée qu'elle doit traverser. Ce bienfait n'était pas moins dans la pensée de l'Empereur que les autres motifs qui l'ont déterminé à la créer, lors de son passage sur les lieux. Mais le tracé s'y oppose ; il ferait disparaître le bienfait, parce qu'il en résulte que l'Isère a été considérée comme un obstacle et comme un ennemi trop redoutable, qu'il fallait fuir, et qu'il a fui..., tandis qu'il fallait le vaincre..., ce qui est possible et nécessaire pour ne pas rendre illusoire, dans la vallée, le bienfait de la voie ferrée. Les questions accessoires de temps et de dépense ne sauraient s'y opposer ; on le verra.

Il est vrai que le tracé a pu paraître rendre la confection de la ligne plus simple, plus facile, plus prompte et moins coûteuse, et qu'en la rapprochant de l'Isère, les conditions de son établissement changeaient et s'agrandissaient, parce qu'il y avait à opérer sur quelques parties du cours de la rivière, notamment à supprimer des courbes.

Mais quand il aura été prouvé que la combinaison des ouvrages du chemin de fer, avec ceux contre les inondations, est aussi essentielle à l'intérêt de cette ligne ferrée, qu'à celui des riverains; qu'il n'y a pas possibilité, sans cela, d'établir la voie ferrée dans de bonnes conditions, — que restera-t-il à objecter..?

S'il en résulte plus de travail, il n'est pas, en réalité, plus difficile; à l'égard du temps, la division des travaux permet d'exécuter d'abord ceux du chemin de fer; et quant à la dépense, elle sera réduite de plusieurs millions, car beaucoup de travaux seront communs aux deux classes d'intéressés, et une partie peut être mise à la charge des propriétaires riverains, toujours au cas où le chemin de fer serait combiné avec les travaux contre les inondations, au moyen d'un système conforme à celui qui a fait l'objet de mon premier Mémoire ; — tout cela sera successivement encore rendu évident.

Suivant le tracé proposé, les habitants de la rive droite pourront être considérés comme privés du chemin de fer dont ils seront trop éloignés ; et ceux de la rive gauche n'obtiendront pas les garanties qu'ils pouvaient y trouver contre les inondations, garanties qui se seraient même étendues aux deux rives de l'Isère, par la suppression de plusieurs de ses courbes, dont les deux rives souffrent également ; car ces courbes sont des causes inévitables de débordement ; et alors même que les crues ne sont pas assez fortes pour déborder, les courbes sont encore la plus grande cause des infiltrations d'eaux, au travers d'un sol de sable et de gravier, qui le baignent intérieurement et jusqu'à la superficie, qui font dépérir les récoltes à peu près chaque année, et qui sont le désespoir des cultivateurs de la plaine.

Pour sacrifier ou négliger d'aussi grands intérêts, quels ont donc pu être les motifs déterminants? — On n'en trouve pas d'autres que les dangers prétendus, pour le chemin de fer, des crues de l'Isère, en l'en rapprochant, et on a eu l'intention de l'y soustraire, en l'en éloignant. — Les préventions, erronées et malheureuses, qui existent à Grenoble, contre la suppression des principales courbes de l'Isère, n'ont pas dû être sans influence sur la détermination du déplorable tracé du chemin de fer. — Les allégations de la diminution de travaux, de temps et de dépense ont grossi les prétextes et on est resté satisfait du parti pris.

Les dangers principaux qu'on a voulu éviter étaient-ils fondés? le but sera-t-il atteint, d'après le tracé? — Nullement, et on est tombé dans des dangers et des inconvénients bien plus graves.

En effet, dans l'état actuel des choses, une partie plus ou moins considérable du territoire de toutes les communes des deux rives de l'Isère subit ses inondations dans les grandes crues, et ces inondations, sur la rive gauche, et sur la plupart des communes, s'étendent jusqu'au pied de la montagne, traversant ainsi la grande route. Le fait est notoire, il a ses conséquences.

On conçoit dès lors que le chemin de fer, suivant le tracé, se trouvera exposé à tous les dangers des crues de la rivière, comme s'il en avait été plus rapproché; et il est certain qu'un rapprochement convenable (à 100 mètres au moins de distance, par exemple), n'augmente pas les risques provenant des crues d'eau, parce que les crues ne sont pas plus redoutables à cent mètres de distance du lit naturel de la rivière qu'à une distance triple, quintuple et même décuple ; c'est ce qu'apprend la connaissance des lieux et ce qu'attesteront tous les habitants. Cette circonstance locale est assez importante pour avoir besoin d'être connue et pour n'être pas négligée.

Il en résulte qu'entre toutes les communes de chaque rive, les inondations s'étendent sur toute la largeur de la plaine ; que, quelque part qu'y soit placé le chemin de fer, il sera aux prises avec les inondations, et qu'il ne peut en être garanti que par sa combinaison avec les ouvrages nécessaires contre ces mêmes inondations.

Il y a même à remarquer que le projet, toujours d'après le tracé, par la nécessité où il place le chemin de fer de franchir, en tunnels ou au moyen d'excavations et de tranchées à ciel ouvert, divers obstacles, accidents de terrains, ruisseaux et torrents, ne paraît pas pouvoir permettre de donner, généralement, à la chaussée, une élévation suffisante pour l'empêcher d'être submergée dans les grandes crues, telles que celle de 1859 ; (je reviendrai sur ce point, parce que MM. les ingénieurs déclarent avoir prévu ce danger, et ajoutent qu'il ne subsistera pas) ; — tandis que si le tracé était fixé à une distance d'environ 100 mètres, au moins ou peu de plus, du bord du lit ordinaire de la rivière, le chemin de fer aurait pu franchir tous les obstacles, ruisseaux ou torrents, en passant par-dessus, et la chaussée aurait pu être un peu plus élevée et renforcée dans les parties basses de la plaine, ce qui l'aurait mise à l'abri de toute submersion, de tout dommage, et en aurait formé une excellente défense, pour la rive gauche, contre les inondations.

Il faut savoir en outre que la chaussée du chemin de fer n'empêchera même pas l'inondation des terrains qui se trouveront au midi de la ligne du tracé, du côté de la montagne, et cela, non-seulement parce qu'il sera submergé dans les grandes crues, mais encore parce qu'il doit croiser, en les faisant passer par-dessous, beaucoup de ruisseaux et de canaux ou champtournes, dont les ouvertures à pratiquer au travers de la chaussée du chemin de fer, livreront passage aux eaux débordées de toutes les crues de l'Isère, qui continueront ainsi d'inonder toute la plaine, y compris la partie au midi de la voie ferrée, qu'elle aurait pu préserver, si on n'avait pas résolu de négliger toutes les dispositions nécessaires contre les inondations, dispositions qui sont indiquées dans mon premier Mémoire. Le tracé du chemin de fer les a rejetées comme une gêne et un embarras, sans en considérer au moins la nécessité pour lui-même ; il s'est ainsi rendu inacceptable, puisqu'il en est vicié ; les faits et les prévisions signalées le démontrent ; ils appellent des études nouvelles et un changement de tracé.

On ne saurait trop faire connaître que les bourrelets ou levées en terre, quand les dispositions de projection, d'assise ou autres, n'en sont pas vicieuses, contiennent parfaitement les eaux des crues de l'Isère, comme adjonction au lit de la rivière, et pourvu qu'il soit laissé aux eaux un espace suffisant et libre pour leur écoulement ; l'expérience en est acquise et formelle. — Ces bourrelets ou levées peuvent donc, en toute sécurité, devenir la chaussée du chemin de fer, ou se combiner avec elle, en les y appropriant.

Les motifs qui ont déterminé le tracé proposé du chemin de fer, ne sont donc pas fondés ; le but qu'on a eu en vue en l'éloignant de la rivière, ne sera donc pas atteint ; et le tracé ne peut avoir pour effet que de priver la vallée des principaux avantages qu'elle devait attendre de la voie ferrée : la rive droite sera privée de l'usage de la voie nouvelle, par l'éloignement où elle en sera ; la rive gauche, de la garantie des inondations qu'elle aurait dû y trouver.

J'ai dit que le tracé présentait en outre des inconvénients graves.

En effet, c'est son éloignement trop grand de l'Isère qui oblige à recourir à des excavations et à des tunnels pour vaincre divers obstacles locaux, tels que le torrent de Domène, au-dessus duquel le chemin de fer aurait au contraire pu être établi, en le rapprochant davantage de l'Isère. Il était très-important d'éviter ce tunnel ; on va le comprendre.

Le bourg de Domène existe sur une espèce de plateau,
qui forme une éminence circulaire, appuyée à la montagne,
dominant la plaine, et s'étendant, en s'amoindrissant et
avec une forte pente, presque jusqu'à l'Isère. La ligne droite
du tracé de la voie ferrée, de Gières à Lancey, la fixe, en
face de Domène, sur une partie assez élevée du sol, pour
exiger de l'encaisser, à ciel ouvert, à une profondeur plus
ou moins grande, et sur une longueur de plus d'un kilo-
mètre; c'est au milieu de cet espace qu'existe le torrent
de Domène, au-dessous duquel on se propose de passer
en tunnel.

Cette éminence du sol, sur Domène, provient entièrement des dépôts terreux et pierreux apportés successivement
par le torrent, de la montagne dans la plaine. Ce torrent
prend naissance à l'un des glaciers éternels des Alpes; le
bassin général, dont il recueille les eaux, est très-vaste; ses
crues torrentielles sont fréquentes et terribles; elles sont
occasionnées par la fonte des neiges et par les grandes pluies,
celles d'orage surtout. Le torrent devient soudainement
impétueux; il roule, dans ses flots, d'énormes blocs de
pierres, dont le choc entre elles, produit un bruit sourd,
mais grand et sinistre, car il se fait entendre d'une rive à
l'autre de la vallée.

Dans ses crues, rien ne résiste à la violence de ses eaux
et à sa puissance destructive, à laquelle on ne peut pas comparer celle de l'Isère. Il culbute ses digues et ravage ses
rives, suivant ses caprices et les circonstances qui font
varier ses dégâts. Il suffit d'en parcourir et d'en examiner
le cours pour s'en faire une idée; malgré les soins que
l'on met à réparer et à faire disparaître les effets de ses
débordements, on en trouve partout les traces et les
preuves.

Que va-t-il en résulter pour le chemin de fer, d'après le
tracé? — L'excavation à faire, et pour son encaissement à

ciel ouvert, et pour son tunnel, sera infailliblement envahie
et comblée par les eaux et par les matières terreuses, pier-
reuses et autres, qu'elles entraînent, et cela, à chaque crue
du torrent qui sera suivie de débordement, en amont du
chemin de fer, du côté de la montagne. On peut apprendre
sur les lieux combien ses débordements sont fréquents.

On tentera de parer à ce danger, en rétablissant avec plus
de solidité les digues du torrent. — Mais la pente est trop
grande, et la direction à peu près droite du lit, ne permet
pas d'empêcher les affouillements, qui détruisent, par les
fondations, la sécurité des digues; d'ailleurs les blocs de
pierre, charriés et ballotés par les eaux du torrent, sont
autant de béliers destructeurs de toute digue et de tout
barrage.

On pourra tenter encore d'élever le lit du torrent, et je
crois savoir que ce moyen a été jugé nécessaire. Mais il
s'y rencontre deux écueils : l'un, c'est que cette élévation,
même en la reportant sur la chaussée du chemin de fer,
ne pourra pas être suffisante pour la garantir contre les
risques de toute nature des crues de l'Isère, qui l'atteindront
et la baigneront, dans tous les cas; — l'autre, c'est que
le torrent ne permet pas d'exhausser son lit. Ne faut-il pas
s'arrêter en considérant les effets de l'exhaussement du lit
du torrent de Domène? Eh quoi! on ne peut pas y contenir ses eaux, alors qu'il est encaissé dans le sol, et on
prétendrait pouvoir le faire en exhaussant son lit au-dessus
du sol ou de son état naturel? car son chenal existe déjà
en relief du sol, là où le tracé propose de le relever encore. Mais ce serait incroyable! Ce serait le cas le plus
flagrant et le plus vicieux du système *proscrit* des digues
insubmersibles! Ce serait méconnaître tous les effets et
caractères terribles de ce torrent! C'est bien alors qu'il y
aurait certitude qu'il ne tarderait pas à déborder et à com-
bler de ses déjections l'encaissement où se trouvera toujours

la chaussée du chemin de fer, en face de Domène! La commune et les riverains ne pourront pas éviter d'ouvrir les yeux sur les dangers créés par cet exhaussement du torrent, et auront à réclamer contre son exécution; car il ne faudrait pas confondre cet exhaussement avec les radiers employés au torrent, pour empêcher les affouillements. Au point où le chemin de fer aurait à le traverser, suivant le tracé, la pente du torrent cesse d'être excessive; les affouillements n'ont pas lieu; l'exhaussement de son lit serait au contraire tout ce qui peut être fait de plus dangereux. — Les funestes conséquences du projet de traverser en tunnel le torrent de Domène, surgiront de toutes parts.

L'encaissement du chemin de fer, dans une partie du sol sur Domène, et partout où il serait projeté d'en faire dans de semblables conditions (il y a huit ou dix autres torrents plus ou moins forts sur la ligne), est donc un projet aussi malheureux que défectueux, qu'on ne saurait trop signaler comme ayant besoin d'être modifié.

Les vices du tracé sont si grands et si multipliés, qu'ils ne sauraient être tous signalés. — Ainsi encore, ne va-t-il pas jeter la perturbation sur les classements établis, dans chaque zone des divers syndicats, pour la répartition entre les propriétaires des dépenses d'établissement ou d'entretien des digues, des levées, des canaux ou champtournes et de tous les ouvrages contre les inondations, contre les infiltrations des eaux de l'Isère et de toutes autres de la plaine? Les propriétaires des terrains situés entre la ligne du tracé et la montagne, malgré les risques auxquels ils seront encore soumis, suivant ce qui a été exppliqué, ne prétendront-ils pas néanmoins que leur position aura changé, qu'il se trouveront plus ou moins complétement garantis par la chaussée du chemin de fer, et qu'ils ne devront plus être frappés par les charges des syndicats? Et alors, le

périmètre des terrains affectés à ces charges , déjà écra-
santes actuellement, se trouvant réduit aux terrains situés
entre le chemin de fer et l'Isère , leurs propriétaires seront
hors d'état de pouvoir, seuls, supporter ces charges ; ils
s'y refuseront, ils en auront le droit ; — et alors aussi,
l'entretien, rendu trop onéreux , des ouvrages de garantie
contre les eaux, cessera ; et sa cessation sera bientôt suivie
de l'état de marécage de toute la partie de la plaine située
entre la voie ferrée et l'Isère. — Tel est le triste avenir, une
véritable ruine , que préparerait à la rive gauche de la
vallée le tracé actuel du chemin de fer !...

Dans tous les cas , il y aura deux alternatives, et il faut
bien en admettre une : ou le chemin de fer offrira une
garantie contre les eaux , pour les terrains situés du côté
de la montagne , et alors les prévisions qui viennent d'être
indiquées sont inévitables ; — ou, au contraire , il n'offrira
pas cette garantie , et, dans ce cas , il ne sera que plus
vicieux et sans effet contre les eaux , dont il deviendra
victime , lui aussi.

Cependant la ligne du tracé a dû être considérée comme
un terme moyen entre toutes celles qui ont été étudiées
ou proposées, les unes dans les parties basses de la vallée,
les autres dans les parties élevées, et on a pu croire que la
ligne intermédiaire du tracé, n'aurait pas les inconvénients
des autres lignes ; tandis qu'au contraire, elle les réunit à
peu près tous.

Ainsi on vient de voir à quel point, sur Domène, et
partout où les cas seraient analogues, le tracé a les vices
de la classe des lignes des hauteurs, vices qui sont si graves
et de tant d'espèces, qu'on n'a pas dû s'arrêter à cette
classe de lignes. Ils tiennent aux nombreux accidents locaux
existants sur la partie de toute la plaine qui se rattache à la
montagne : Eminences, bas-fonds, gorges, ruisseaux, torrents et ravins. L'éboulement, déjà ancien, de Goncelin fut

une catastrophe, qui a changé l'aspect et l'état du lieu, qui aurait détruit tout chemin de fer, comme il détruisit et engorgea tout sur son passage.

Mais on a vu également que la ligne du tracé, n'est pas à l'abri des crues de l'Isère, et qu'elle participe en conséquence au seul reproche qui puisse être fait à la classe des lignes basses de la vallée.

Il importe donc bien de considérer qu'entre les deux classes de lignes, celles des hauteurs sont à rejeter; qu'il faut choisir la meilleure des lignes basses; que celle du tracé est BATARDE; qu'ayant les vices de celles des hauteurs, elle ne peut pas convenir, et d'autant moins qu'exposée, comme ligne basse, aux crues de l'Isère, elle ne peut pas en être garantie, ayant besoin de tunnels et d'encaissements dans diverses parties du sol, qui s'y opposent.

Il y a donc nécessité de choisir une ligne basse, la meilleure possible, mais exempte de tout caractère de celles des hauteurs. Sa seule exigence sera celle des mesures contre les crues de l'Isère. Mais ces mesures n'ont rien d'insurmontable, et on peut y satisfaire beaucoup plus sûrement qu'aux dangers, si nombreux, de la classe des autres lignes; et, en le faisant, on satisfera à un besoin plus grand pour la vallée, que celui du chemin de fer en lui-même; car dans la vallée du Graisivaudan, la connaissance de l'état des choses, ne permet pas de concevoir l'établissement du chemin de fer, sans sa combinaison avec les mesures nécessaires contre les inondations de l'Isère, — inondations qui exigent, ou de renoncer à y établir un chemin de fer, ou de ne l'établir qu'avec les moyens nécessaires pour les réprimer; c'est là son caractère capital pour l'utilité de la vallée, et pour les bonnes conditions de la voie ferrée elle-même.

Toutes les réclamations qui ont été faites contre le tracé, l'ont été dans ce sens et dans ce but. — M. de Monteynard a obtenu, là où il est intéressé, l'étude d'une ligne plus rapprochée de l'Isère ; mais il ne s'agit à cet égard que d'une partie du parcours.

De Gières à Lancey, M. Réal a fait une demande semblable, — spécifiée de manière à faire longer la droite, ou le nord de la Champtourne d'assainissement, par le chemin de fer, ce qui semblerait mettre à couvert, contre les inondations, la partie seulement des terrains de la plaine qui se trouveraient placés au midi du chemin de fer. — Pour pouvoir faire accueillir sa demande, M. Réal aurait dû y comprendre l'offre (si toutefois elle n'a pas été faite,) d'une rectification de la Champtourne, sur Domène, en la retirant du côté du midi, au mas de la chapelle et autres, d'environ 100^m, parce que là elle est trop près de l'Isère, ne permettant pas d'établir en dessous et au nord, le chemin de fer, à moins qu'il soit combiné avec un système quelconque contre les inondations.

D'un autre côté, la demande de M. Réal, pour le débouché de la Champtourne, nécessitait de couper en face de Gières la pointe de l'Ile-Deporte, et de changer sur ce point le lit de l'Isère et le tracé du chemin de fer ; — mais M. Réal ne pouvait qu'échouer contre le parti pris et systématique, de rendre le chemin de fer étranger à toutes les mesures contre les inondations de l'Isère, c'est-à-dire, de lui enlever sa plus grande utilité pour la vallée.

Enfin M. de Charlary ainé, qui avait fait depuis déjà quelque temps, une étude et un travail sérieux, pour combiner l'endiguement de l'Isère avec l'établissement d'une voie ferrée, a saisi l'occasion du projet et du tracé des ingénieurs officiels, pour appeler sur ses vues et sur son travail, l'attention de l'administration. Il établissait la possibilité d'une économie fort importante ; mais il ne saurait espérer un succès, parce que tous ses moyens, digues et chaussées, devaient être établis sur les bords et sur les berges de l'Isère, et de son lit unique et ordinaire, quoique rectifié sur des points essentiels. Ils étaient ainsi entachés de tous les vices, justement reprochés aux digues prétendues in-submersibles, aujourd'hui réprouvées.

M. de Charlary, pour avoir des chances de réussir, aurait dû modifier ses idées et son travail, en proposant : 1° *Pour la défense contre les inondations de l'Isère*, le système d'un lit ordinaire, avec digues submersibles et d'un double lit extraordinaire, clos et déterminé par des bourrelets ou levées en terre insubmersibles ;

Et 2°, *pour le chemin de fer*, son établissement sur la levée, rive gauche du lit extraordinaire de l'Isère, en la for-tifiant et lui donnant toutes les dispositions convenables pour en faire une excellente chaussée de la voie ferrée.

Dans cette position la voie ferrée n'exigerait ni tunnel, ni excavation, et n'aurait aucun des inconvénients de celle du tracé, qui ont été signalés : son niveau serait assez élevé pour permettre de franchir tous les ruisseaux, torrents et autres accidents locaux, en passant au-dessus ; son éléva-tion la mettrait à l'abri de toute submersion et de tous dommages par les crues de l'Isère ; la ligne étant rendue plus directe, son parcours serait plus court ; les grands avantages qu'elle offrirait contre les inondations ont déjà été expliqués.

Il importe de répéter qu'à cent mètres de distance du lit ordinaire de l'Isère, les moyens de sécurité à employer pour le chemin de fer ne seraient ni plus grands, ni plus coûteux, seraient même moindres, que ceux du tracé de MM. les ingénieurs. Sous le rapport des crues de l'Isère, ils ne changeraient pas, sauf que toute gène disparaîtrait pour les rendre plus parfaits ; la suppression des tunnels, des exca-vations et de toutes leurs conséquences, en retrancherait de grandes charges, et celles qu'y ajouterait la suppression de plusieurs courbes de l'Isère et autres mesures spéciales

contre les inondations, se diviseraient entre le chemin de
fer et les propriétaires riverains de l'Isère, mais sauf les
secours fournis par l'Etat.

Au reste ce système n'est autre que celui qui a fait l'objet
de ma brochure de l'an dernier contre les inondations de
l'Isère, comprenant les moyens d'assainissement de la plaine,
pour ses eaux intérieures, à l'aide de canaux, dits Champtournes, pour lesquels il faut avoir égard à ce que j'en ai dit,
pages 28, 29 et 30. Il me suffit de rappeler qu'après avoir
exposé le système et ce qui s'y rattache, j'ajoutais page 34
de mon Mémoire : « Je ne parlerai pas des moyens et faci-
« lités que peuvent fournir mes propositions à l'égard de
« l'Isère, soit au point de vue de la navigation, soit pour
« l'établissement *d'une voie ferrée*, dont la chaussée se
« combinerait si bien avec une des levées en terre du lit
« de secours, etc. »

Comme il n'est actuellement question d'établir le chemin
de fer que sur la rive gauche, il y aurait à lui appliquer la
levée de ce dernier côté du lit extraordinaire de l'Isère,
suivant mon système contre les inondations.

Dans cette combinaison, et avec l'application de ce système, il y aura inévitablement des modifications, nécessitées
par les exigences du chemin de fer, a apporter dans quelques parties de la direction, de l'assise, de la disposition et
des autres conditions de la levée, qui devra former en même
temps, et la chaussée de la voie ferrée, et la clôture ou
barrière du lit extraordinaire de la rive gauche de l'Isère;
la voie ferrée et la levée devront être même séparées en
divers points. Mais ces modifications devront concilier les
exigences du chemin de fer, avec celles d'une bonne défense
contre les inondations. Elles ne sauraient s'écarter grave-
ment du système des deux lits et des rectifications de
l'Isère, sans s'exposer à en compromettre les besoins et les

avantages; et à ce sujet, suivant le sage conseil de **M. Dausse**, les intéressés capables, et les membres de leurs commissions syndicales, ne sauraient trop être entendus et consultés.

Si, pour des raisons de temps, on ne veut pas cumuler les travaux du chemin de fer, avec tous ceux du système général contre les inondations de la rivière, rien ne s'oppose à ce que l'on fasse, d'abord et séparément, ceux qu'exige la levée du lit extraordinaire, rive gauche, pour y établir la chaussée du chemin de fer; mais on ne pourra pas éviter de faire en même temps au lit de l'Isère les rectifications essentielles, par la suppression de celles de ses courbes que le système contre les inondations, pour être efficace, rend indispensables. On pourrait, à la rigueur, les réduire aux coupures des deux plus grandes courbes de l'Isère, sous Gières et sous Lancey, et par là, le chemin de fer pourrait être établi en ligne à peu près droite, depuis Grenoble jusqu'au ruisseau de Vors, sur Villard-Bonnot; au moyen encore, à cet effet, d'une rectification de la courbe de l'Isère, en face de Domène et du mas de la Chapelle, opérée sur la rive droite, qu'il y aurait à couper jusqu'au pont suspendu, — ce qui permettrait de jeter le torrent de Domène, à son débouché, dans le lit délaissé de l'Isère. — L'ensemble des travaux du système complet demandera plusieurs années ; mais on peut commencer par ceux du chemin de fer, et faire successivement ensuite les autres, comprenant le complément des rectifications de la rivière.

Reculerait-on devant la grandeur de l'entreprise, ou devant les difficultés, de nature diverse, qu'elle peut faire entrevoir?

Il faudrait oublier que l'Etat, que le chemin de fer, comme être fictif, mais puissant, et que tous les riverains de l'Isère, y sont intéressés et doivent y concourir..... En perdre l'occasion, scinder les intérêts, pour en négliger la plus grande partie, serait une faute énorme et irréparable.....

Quand la nécessité de l'entreprise et le bien immense qu'elle procurera, seront devenus des vérités reconnus PARTOUT où son sort peut être tenu en suspens, toutes les difficultés pratiques et d'exécution s'aplaniront ; car la grandeur de l'entreprise, au double point de vue du chemin de fer et des inondations, ne détruit pas la simplicité du système, qui est son mérite et qui en facilite l'application. C'est ce qui m'a permis, ici, et dans mon premier Mémoire, d'aborder, soit les questions principales, soit les plus essentielles de celles de détail, et il me paraît établi que les solutions sont toutes favorables à l'accomplissement ENTIER de la plus nécessaire et de la plus belle des entreprises pour la contrée.

J'entrevois encore une objection, et je dois la réfuter.— On prétendra peut-être que la grande largeur du lit, tant ordinaire qu'extraordinaire, de mon système, y favorisera les dépôts de gravier, de sable ou de limon qui l'exhausseront, et qui amèneront, avec le temps, un état de choses aussi périlleux que celui actuel.

Mais cette objection n'a rien de fondé. En supposant qu'elle puisse l'être pour un lit unique, qui serait trop large, il en est autrement dans mon système et pour ses deux lits. — Le lit ordinaire, hors le cas des grandes crues, suffira seul à l'écoulement des eaux, et d'autant mieux qu'il devra être rectifié par la suppression des principales courbes. Pendant les grandes crues, le lit extraordinaire contiendra et fera écouler toutes les eaux, dont le cours principal sera toujours maintenu dans le lit ordinaire, ainsi que les graviers, qui y subiront le mouvement imprimé par les eaux, sans pouvoir en sortir, à raison des berges et des digues, et de la profondeur plus grande du lit ordinaire. — Quant au limon, on sait qu'il flotte avec les eaux qui l'entraînent, et il en sera ainsi même dans le lit extraordinaire, où les dépôts seront très-faibles et presque nuls, par l'effet du libre cours de l'eau : car les dépôts du limon n'ont lieu que lorsqu'il y a des obstacles ou des causes qui interceptent ou ralentissent le cours de l'eau. En conséquence, l'objection reste sans valeur, et l'on voit que plus l'examen est approfondi, plus il est favorable au système complet contre les inondations et aux avantages de sa combinaison avec l'établissement du chemin de fer.

Le lit de secours ou déversoir de l'Isère, qu'il faut établir en dehors et au midi de la ville de Grenoble, sera peut-être encore la pierre d'achoppement. — Je ne sais s'il sera possible de détruire ou de rectifier les fausses idées et les funestes préjugés, que je n'ai pas fini d'exposer, et dont ce lit de secours est l'objet. On pourrait, il est vrai, en suspendre ou ajourner l'exécution ; mais à ce sujet et comme conséquence, ne verrait-on pas reproduire l'opposition à la suppression des courbes de l'Isère, en amont de Grenoble ? — Et alors, rien de bien, rien de convenable, ne reste possible, ni pour le chemin de fer, ni contre les inondations.... !

Peut-on cependant éviter de considérer que, sans le lit de secours extérieur et au midi de Grenoble, ni la gare actuelle, ni le chemin de fer qui doit en partir, pour remonter dans la vallée, ne pourront être mis à l'abri de la submersion par les grandes crues, telles que celle de 1859 ? Le fait de l'inondation de la gare, en 1859, comme de la ville et de ses abords, n'est-il pas assez grave, assez positif ? Cela est-il tolérable ? Cela n'est-il pas à ajouter à tous les autres motifs qui font appeler les mesures générales à prendre, tant au sujet du chemin de fer, que des inondations ?

Les vices du tracé du chemin de fer, qui ont été signalés, ont certainement pour cause, et le refus de Grenoble de laisser établir un déversoir à l'Isère, et l'opposition à la suppression des principales courbes de cette rivière, et la confusion des idées sur les mesures à prendre contre ses inondations. Les vices de ce tracé, rendus ainsi inévitables, ne sont que plus certains, plus évidents.

Pour les éviter, il aurait fallu rompre avec des préjugés qui se perpétuent par contagion ; il a fallu moins d'efforts pour en devenir les auxiliaires. — Contre la critique, si méritée, de leur tracé, MM. les ingénieurs défendent leur œuvre ; — ils prétendent que la ligne ferrée du tracé sera au-dessus du niveau des plus grandes crues de l'Isère ; qu'elle ne se trouvera pas dans de moins bonnes conditions que la ligne déjà existante dans la vallée inférieure à Grenoble ; qu'elle aura son point de départ à la gare actuelle de cette ville ; et que les torrents à passer en tunnels, à Doméne et ailleurs, sont moins terribles que ceux de la ligne en aval de Grenoble, à Voreppe, à Saint-Égrève et au Chevallon , qui ont été rendus inoffensifs.

Ah ! votre tracé est au-dessus des crues de l'Isère ? — Oui, comme l'est la gare actuelle de Grenoble, où est votre point de départ ou de raccordement. N'en aurez-vous pas le niveau, avec une pente, en remontant dans la vallée, régularisée sur celle de l'Isère , laquelle vous inondera en conséquence dans ses crues, comme elle a inondé la gare de Grenoble, la ville et ses abords, ainsi que toute la vallée, en 1859 ? Y a-t-il, à Grenoble, à sa gare et dans sa ban- lieue, de garantie possible contre les inondations, autrement que par un déversoir à l'Isère ? Les éviterez-vous, malgré votre grand circuit dans la direction d'Eybens et de Saint- Martin de Poisat, qui n'a d'autre objet que de fuir l'Isère à son contour de Gières, où vous êtes néanmoins obligé de vous asseoir sur sa berge, qui a été submergée en 1859 ? Là et ailleurs, sur toutes les parties basses du parcours, pouvez- vous vous élever suffisamment ? Votre niveau de départ et de progression de pente, n'y met-il pas obstacle ? Vous auriez pu augmenter cette progression de pente régulière, relative- ment à celle de l'Isère, et vous élever suffisamment, sans les impossibilités que vous vous êtes créées par la ligne du tracé. Ne trouvez-vous pas ces impossibilités dans les torrents que vous êtes obligés de traverser en tunnels? En examinant le peu d'élévation du lit du torrent de Domène, au point où vous avez à faire passer en dessous la voie ferrée, il n'est pas difficile de se rendre compte, qu'un peu moins loin, et un peu plus loin, la voie ferrée se trouvera à un niveau qui a été inondé en 1859, et qu'elle le sera à l'avenir en pareil cas. Votre assertion de placer la voie ferrée au-dessus des grandes crues de l'Isère est donc fallacieuse.

Vous voulez que l'on admette vos prévisions du niveau ? Mais les effets des grandes courbes de l'Isère, existantes de Lancey à Grenoble, déroutent tous les calculs et les nivellements ; il ne peut point y en avoir d'exacts, à raison des perturbations, refoulements et déversements que ces courbes font subir aux eaux des crues de la rivière. (En voir la démonstration dans mon premier Mémoire, pages 18, 19, 20, 21 et 22.) Le chemin de fer y échappera-t-il si les courbes de l'Isère ne sont pas supprimées, alors qu'à Gières et à Lancey, il sera assis sur les berges des deux plus grandes courbes? Il est hors de doute qu'aucune garantie n'est possible contre les funestes effets de ces courbes, si ce n'est par leur suppression. On verra ci-après que cette suppression des courbes avait déjà été demandée, comme indispensable et urgente, il y a près de quinze ans, par une commission consultative de vingt-un membres, comprenant cinq ingénieurs distingués. En auraient-ils manqué l'occasion s'ils avaient eu à diriger le tracé actuel du chemin de fer ?

Quant aux dangers des torrents à franchir en tunnels et avec excavation du sol pour la voie ferrée, vous citez, sur la ligne en aval de Grenoble, l'exemple du torrent de Voreppe et autres du voisinage. — Mais leur croisement par le chemin de fer, souterrainement ou autrement, est encore récent; ces torrents ne descendent que d'une montagne secondaire des Alpes; ils ne sont pas comparables à celui de Domène et autres qui proviennent de la grande chaîne des Alpes; d'ailleurs ils subsisteront comme un danger toujours permanent pour le chemin de fer, surtout ceux traversées en tunnels; ce mode, pour de tels torrents, aura le sort des digues insubmersibles : merveilleuses naguère, aujourd'hui réprouvées.

Comment enfin pouvez-vous invoquer le niveau et les conditions du chemin de fer en aval de Grenoble? Bel exemple, en vérité ! N'a-t-il pas été, en 1859, submergé, ravagé et rompu presque partout, jusqu'à Moirans? Et vous ne voyez pas que là, comme dans la vallée d'amont, le chemin de fer n'aura de sécurité que par l'application à l'Isère, du système d'un lit ordinaire et d'un lit extraordinaire? On peut nier l'évidence, mais il restera au moins prouvé que la vallée a besoin de sauvegarde.

Il paraît que le haut de la vallée défend mieux ses intérêts, au sujet du chemin de fer, que la partie inférieure de Lancey à Grenoble. Peut-être aussi trouve-t-on trop grandes les demandes faites dans l'intérêt de cette dernière partie du parcours; mais il faut bien reconnaître que cela tient à des besoins plus grands; car c'est là que sont les principales courbes de l'Isère, et on sait qu'elles rendent inévitables des dommages plus désastreux. N'est-il pas juste d'en faire disparaître la cause et de profiter de l'occasion fournie par l'établissement de la voie ferrée?

Serait-il donc possible qu'on ne reconnût pas et qu'on n'évitât par les vices du tracé actuel de cette voie ferrée? Ce serait à jamais regrettable..!

Voir exécuter une grande mesure d'utilité publique et n'en retirer aucun bien, alors qu'elle pouvait tant en procurer..., c'est bien triste et bien dur .! sans entendre contester l'utilité du chemin de fer au point de vue **stratégique**, et à celui des facilités qui en résulteront, dans tous les **cas**, pour les communications à ses points extrêmes, elle ne **sera** pas moins affaiblie et elle pourra être compromise par quelques-uns des vices du tracé qui ont été signalés, tels que les dangers d'envahissement par des torrents et aussi par les crues de l'Isère ; mais les intérêts des riverains du parcours, dans la vallée, sont sacrifiés par le tracé.

Si, au lieu de toute l'utilité possible, les riverains du parcours pouvaient au moins en recueillir une partie, même faible, tout ne serait pas à regretter. — Ce moyen de consolation imparfaite ne peut résulter que de l'admission de la réclamation de M. Réal, directeur du syndicat de Domène, réclamation qui a été relatée ci-devant; — pourvu que l'île Deporte soit coupée convenablement pour la rectification de l'Isère, et pour le reculement du tracé du chemin de fer vers le centre de la plaine, afin de le faire passer en dessous et au nord de la champtourne principale, de Lancey à Gières, en rectifiant cette champtourne, sur Domène, de manière à la fixer plus au midi d'environ 100 mètres, au mas de la Chapelle, et autres contigus.

Le système complet ne doit-il pas être adopté par préférence aux mesures partielles, qui sont insuffisantes et qui laissent subsister les inondations? L'établissement du chemin de fer n'en fait-il pas une obligation, une loi de nécessité, puisque, s'il n'est pas combiné avec les travaux contre les inondations, il ne peut pas éviter d'avoir à en souffrir et d'être défectueux?

Qu'on me pardonne des répétitions; elles prouvent au moins mes efforts pour ce qui serait bien et heureux, contre ce qui serait mal et malheureux; elles ont pour cause ma crainte de ne pas présenter tous les aspects de la vérité.

On ne saurait trop faire connaître à l'administration que le tracé actuel du chemin de fer allonge son parcours, prive de son usage la rive droite de la vallée, laisse sa chaussée en danger d'être submergée aux abords de Grenoble et entre toutes les communes de son parcours, exige des excavations et des tunnels qui seront comblés, ravagés même par les eaux, les pierres et graviers charriés par les eaux débordées des torrents à traverser, et souffrira d'une foule de vices ou de dangers, qui ne peuvent être évités que par un rapprochement convenable de l'Isère.

Si cela paraît paradoxal, cela ne l'est pas ; car il faut encore que l'administration sache que le rapprochement de l'Isère, dans de certaines limites, est la condition la plus impérieuse de l'établissement de la voie ferrée dans la vallée du Graisivaudan. Ce n'est qu'à cette condition qu'elle peut être la meilleure possible et rendre les plus grands services, précisément parce que les circonstances locales exigeront sa combinaison avec les moyens indispensables contre les inondations de l'Isère. Ce n'est qu'ainsi que la voie ferrée peut être mise à l'abri de toute submersion et de tous dommages ; être à l'usage des deux rives, notamment de la rive droite ; son parcours, plus direct et plus court, exempt d'excavations ou encaissements locaux dans le sol, et de tunnels, et enfin que le fléau des inondations peut cesser.

Les dépenses seront à répartir entre le chemin de fer et les propriétaires riverains, suivant un classement équitable des intérêts ; les secours de fonds fournis par l'État aux riverains affaibliront les charges. (Voir sur la question de la dépense mon premier Mémoire, pages 45, 46, 47, 48 et 49, et au supplément les pages 79 et 80). La division des charges les réduira en réalité pour les riverains ; ils ne devront donc pas s'en alarmer, car, pour eux, la dépense restera inférieure aux dommages d'une seule inondation.

Que l'État et les riverains veuillent donc considérer les grandes différences qui seront obtenues, au point de vue de la diminution des dépenses, suivant que les ouvrages et travaux nécessaires, tant pour le chemin de fer que contre les inondations, seront réunis et combinés, ou faits séparément et sans rapport entre eux.

Dans ce dernier cas, si les dépenses du chemin de fer sont de. . . . . 8 millions.

Celles contre les inondations, dans la vallée, de. . . . . 5 —

Et celles d'un déversoir, à Grenoble, de. . 2 —

Elles s'élèveront ensemble à. . 15 millions.

Dans le premier cas, celui de la combinaison des travaux, La dépense du chemin de fer doit rester la même, soit. . . . . 8 millions.

Celle du déversoir, à Grenoble, serait toujours de deux millions; mais l'Etat, à raison notamment de l'accroissement qui en résulterait pour les fortifications de Grenoble, devrait en supporter la moitié au moins, ci . . . 1 —

L'autre moitié serait à la charge de la ville, ci. . . . . 1 —

Sur les cinq millions de dépense que peuvent exiger, seuls, les travaux nécessaires contre les inondations, dans la vallée, trois millions environ feraient partie de ceux à la charge du chemin de fer, soit sur la chaussée, soit sur la suppression de plusieurs des courbes de l'Isère. Il n'y aurait donc plus à compter que deux millions. — J'ai démontré, dans mon premier Mémoire, que l'Etat y est intéressé et devrait payer environ la moitié; il

A reporter. . . 10 millions.

Report. . . . . 10 millions.

peut donc prendre à sa charge au moins un
million, ci . . . . 1 —
   Il ne resterait à la charge des riverains,
dans la vallée, que, ci. . . . . 1 —

Et la dépense totale serait ainsi réduite à   12 millions.

Il n'est pas impossible que la réduction générale puisse être
plus grande, c'est-à-dire, qu'en réunissant et combinant les
travaux, on peut obtenir une diminution d'environ un quart
sur la totalité de la dépense, et de plus de moitié sur celle
contre les inondations dans la vallée, et cela, en améliorant
les conditions d'existence du chemin de fer qui, à défaut, ne
peuvent être que défectueuses ; c'est à raison de son amélioration que le chemin de fer doit rester chargé de la même
dépense que pour son tracé actuel, malgré la grande diminution à obtenir sur les prix d'acquisition des terrains, pour
une ligne plus rapprochée de l'Isère.

Cet aperçu ne dispense-t-il pas de tous frais d'éloquence?
Pourrait-il n'être pas compris, tant par les riverains, que par
l'Etat, alors qu'il va lui-même faire exécuter les travaux du
chemin de fer et qu'il peut en rendre la confection véritablement tutélaire et bienfaisante?

Il n'est pas besoin de faire remarquer que des résultats
si avantageux seraient l'effet de l'heureuse combinaison
des ouvrages et travaux, qui leur donnerait une double
utilité, en les diminuant dans leur ensemble ; tandis qu'une
grande partie aurait besoin d'être faite deux fois, s'ils
étaient confectionnés séparément pour chaque classe d'intérêts. Une dépense unique, qui a deux effets utiles, est
évidemment inférieure à celle qu'exigeraient les mêmes
effets, étant faite pour chacun d'eux et à double. Les chiffres

effectifs pourront varier, mais les résultats essentiels justifieront le fonds de vérité de l'aperçu que j'ai présenté.

De tout ce qui vient d'être dit, on peut conclure que la nécessité de combiner l'établissement du chemin de fer avec les mesures à prendre contre les inondations, est si grande et si évidente, qu'on doit encore espérer que cette combinaison sera admise par l'Administration supérieure ; que, mieux éclairée, elle reviendra, s'il le faut, sur toute résolution contraire antérieure.

Du tracé et de tout le travail préparatoire de la ligne, il résultera sans doute une grande hésitation ou résistance pour les recommencer et les changer. Mais cette considération n'est rien auprès de l'importance de la mesure. D'ailleurs les travaux préparatoires n'auront pas été inutiles s'ils servent à prouver qu'il y a beaucoup mieux à faire ; il y va du salut du pays : ce n'est pas là un vain mot, c'est l'expression d'une grande vérité.

§ IV.

INACTION DES INTÉRESSÉS, SES CAUSES, ET CE QU'ILS DOIVENT FAIRE
AU SUJET DU CHEMIN DE FER ET DU FLÉAU DES INONDATIONS.

L'inaction des intéressés, et même de leurs commissions syndicales, à quelques honorables exceptions près, est aussi grande que déplorable.

Que sont devenues les impressions et les dispositions qu'avaient fait naître l'inondation de 1859 et ses désastres ? — Qu'ont produit les intentions favorables du Gouvernement et les études auxquelles il a fait procéder pour la détermination d'un système définitif de défense? — Les fonds nécessaires et promis, ont-ils été obtenus ?— Hélas ! un peu d'agitation..., peu ou point d'effet..., quelques réparations aux digues et aux levées, qui laissent subsister leur insuffisance et qui ont, il est vrai, été faites en partie avec les fonds de l'Etat... Voilà où en sont les choses ; mais rien n'est changé... Cependant on n'a pas pu oublier le fléau des inondations ; mais l'attention s'est trouvée appelée sur le chemin de fer, ainsi que je l'ai déjà dit, et on ne se préoccupe néanmoins pas assez de son importance, sous le rapport des inondations.

D'où vient cette disposition des esprits ? — Est-ce apathie ou indifférence chez les intéressés ? — Je ne le pense pas, car les effets des inondations sont longs à s'effacer, et la plaie est toujours saignante. Aussi lorsque des récits en sont publiés, même en patois du pays, surtout quand ils sont poétisés, les publications en sont recherchées et lues avec avidité. S'il en est autrement pour les instructions et avis sur les moyens à opposer aux fâcheux effets du fléau, — ce qui est très-certainement beaucoup plus important, — c'est que cela est peut-être aussi trop sérieux et qu'il faut en avoir l'intelligence ; c'est qu'alors, à raison du sentiment toujours profond du fléau, on attend tout de l'AUTORITÉ ; mais on juge inutile ou on ignore la nécessité d'agir auprès d'elle ; il faudrait l'éclairer, discuter les moyens, et la masse des intéressés ne le peut pas ; ils n'ont eux-mêmes, en général, que des idées incomplètes ; leurs efforts ne peuvent d'ailleurs qu'être vains et impuissants, tant qu'ils restent isolés et ne sont pas unis.

Il est certain cependant que les dispositions et intentions de l'AUTORITÉ sont excellentes ; c'est elle qui a provoqué des études, et la recherche des moyens de faire cesser ou de réprimer les inondations. Si aucun système nouveau, complet et efficace, n'a été produit, d'où cela provient-il? — Cela provient uniquement, — on ne saurait trop le proclamer, — de la prévention, à la fois malheureuse et erronée, qui existe à Grenoble contre l'ouverture, à l'extérieur de la ville, d'un lit de secours à l'Isère, qui sert de prétexte pour empêcher la suppression des principales courbes de cette rivière, et met ainsi obstacle à l'ensemble des mesures nécessaires contre les inondations, en même temps qu'à un meilleur tracé du chemin de fer.

En effet, sans parler des vices de ce tracé, à d'autres points de vue, vices qu'on retrouve partout, parce que le tracé repose sur un principe vicieux, sur une idée funeste, et pour ne citer ici qu'un seul point, — le grand circuit du tracé actuel, de la gare de Grenoble à Gières, allonge son parcours, sans nécessité véritable, en faisant perdre l'occasion de la plus importante des rectifications du lit de l'Isère, celle de l'île Deporte; et qu'on ne vienne pas invoquer l'utilité du chemin de fer pour les communes d'Eybens, de Saint-Martin de Poisat et de Gières ou autres, dont la proximité de Grenoble leur permet d'y arriver aussitôt par d'autres voies, qu'en y venant seulement de la gare, sous la ville, pour peu que l'on ait égard aux retards et aux embarras de départ et d'arrivée en gare?

D'ailleurs, il a déjà été expliqué que, sans le déversoir de l'Isère, à Grenoble, le chemin de fer et la gare, comme la ville, ne peuvent pas être mis à l'abri de la submersion.

La question pourrait-elle être tenue pour résolue négativement, en présence de tant de motifs pour une solution affirmative?

Toujours est-il que les bonnes intentions de l'autorité sont paralysées par l'erreur étrange qui fait repousser, par la ville de Grenoble, le déversoir à y ouvrir à l'Isère. Cette erreur est bien autrement grave, — toutes mes observations le prouvent, — que celle commise par Grenoble, relativement à l'appui qu'il avait prêté à l'établissement de la ligne de Grenoble à Saint-Rambert, au lieu de le donner à la ligne directe sur Lyon, qui s'établit, *quand même*, en ce moment, et dont le service anéantira celui de St-Rambert, surtout lorsque la ligne attendue, sur le midi, par Romans, sera établie ; cet effet aura lieu malgré que la ligne nouvelle, en création sur Lyon, soit moins directe qu'elle aurait dû l'être en l'établissant de prime abord, circonstance qui restera onéreuse aux intérêts du Graisivaudan, qui a tant de matières et marchandises lourdes à exporter.

J'ai cru pouvoir dire que tout ce qui s'oppose à l'établissement d'un déversoir de l'Isère, à Grenoble, est une erreur étrange, car enfin ce déversoir peut-il être nuisible à la ville ? — Oh ! pas en lui-même, sans doute ; on ne saurait le soutenir ; — mais, dit-on, parce qu'il serait accompagné de la suppression des courbes principales de l'Isère...

Il faut absolument en finir avec ces idées préconçues, qui dominent malheureusement les esprits les plus distingués et auxquels je demande, en toute humilité, la permission de combattre ce qui constitue, à mes yeux, l'obstacle principal et le plus vivace à la cessation du fléau des inondations. Les préjugés sont d'autant plus tenaces, qu'ils ne laissent plus de place pour la raison et qu'ils aveuglent. Je suis, en conséquence, obligé de répéter et de compléter l'explication de l'erreur.

Depuis que le lit de l'Isère a été redressé, rectifié et endigué en Savoie et dans la partie supérieure de la vallée du Graisivaudan ; depuis que les courbes, encore subsistantes à la partie inférieure de cette vallée, jusqu'à Grenoble, n'ont pas empêché de faire, et ont, au contraire, fait établir des digues, des bourrelets ou levées en terre, et autres ouvrages contre les inondations, qui, tout insuffisants qu'ils sont pour les faire cesser, ne contiennent pas moins et font mieux écouler, dans le lit naturel de la rivière, une plus grande partie de l'eau de ses crues; depuis surtout que l'on y a ajouté, dans l'intérieur de toute la plaine, de nombreux canaux, grands et petits, ou champtournes d'assainissement, qui recueillent nécessairement aussi les eaux des débordements de l'Isère et qui y ont leurs débouchés, ces débordements de la rivière, dans les grandes crues, *ne séjournent plus dans la plaine* et arrivent à Grenoble, à très-peu d'heures près, aussi promptement que s'il n'existait pas des courbes à l'Isère. Le lendemain de l'inondation de 1859, et pendant la nuit qui a suivi la cessation du débordement, toutes les eaux débordées s'étaient écoulées. Ces faits devraient être mieux connus; ils sont exacts et, à coup sûr, sans réplique.

Il y a déjà longtemps qu'ils ont été signalés; on les trouve exposés, avec force, dans un rapport, en date du 2 janvier 1847, fait par une commission consultative de vingt-et-un membres, nommée par M. le Préfet du département, pour examiner le besoin et les moyens de défense contre les inondations. Le rapporteur était M. Auguste Laforte, membre du conseil général du département, et MM. les ingénieurs Picot, de Montrond, Cunit, Gras et Gueymard, y avaient pris part, et signé le rapport. — La commission concluait qu'il y avait nécessité de supprimer les courbes de l'Isère et d'en rectifier le lit, et cela, comme conséquence de l'endiguement dans la partie d'amont et en Savoie. Les conclusions du rapport étaient fortement motivées, et toutes les objections réfutées.

Toutefois, rien ne fut fait, et on doit penser qu'à cette époque, la question n'était pas entièrement mûre; car, soit dans le rapport précité de M. Laforte, soit dans le mémoire et l'important travail de 1850, de M. Cunit, dont j'ai parlé au supplément de mon premier mémoire, on ne se préoccupait pas de l'insuffisance du lit de l'Isère à Grenoble, du moins l'idée d'un déversoir n'était pas exprimée, et si la suppression des courbes de la rivière, avec rectification de son lit dans la vallée, était présentée comme urgente, c'était au moyen de digues insubmersibles et d'un lit unique.

Le temps et l'expérience ont réformé les idées; les digues insubmersibles sont réprouvées; le lit unique, à Grenoble et dans la vallée, ne peut qu'être reconnu insuffisant, les inondations l'ont prouvé. Enfin, les causes qui ont changé le régime des eaux de l'Isère, sont devenues beaucoup plus certaines et plus complètes.

C'est surtout à l'égard de ce changement dans le régime des eaux, qu'il m'a paru nécessaire de bien établir l'état actuel des choses et d'y appeler l'attention; car, puisque les eaux des grandes crues, qui inondent la vallée, n'y séjournent cependant plus; que le lit actuel ne peut contenir que les eaux moyennes, ou tout au plus celles des crues ordinaires, et que leur volume est doublé, triplé et plus, par les crues extraordinaires, qui trouvent dans les grandes Alpes des causes, exceptionnelles et permanentes, d'alimentation, il est bien évident que les changements survenus dans le régime ou le mode suivant lequel les eaux s'écoulaient autrefois, exigent des changements et des conditions nouvelles dans les voies et moyens susceptibles d'en rendre l'écoulement et le cours inoffensifs; et quoi de plus rationnel, comme de plus naturel, que de rendre ces voies et moyens, *ordinaires et extraordinaires*, comme les crues le sont elles-mêmes, et de donner aux eaux des lits suffisants et combinés pour les deux cas? Ne sera-ce pas une grande amélioration sur l'état ancien, qui, en faisant de la vallée et des rives de l'Isère, même en Savoie, des réservoirs pour les eaux des grandes crues, les sacrifiait, en les vouant aux inondations, sans que la ville de Grenoble en fût même alors entièrement exempte?

Qu'en résulte-t-il pour Grenoble et qu'y a-t-il à faire? Rien de plus, ni de moins, que d'y faciliter et assurer le passage, libre et réglé, des eaux, non seulement dans le lit ordinaire de la rivière, qui est insuffisant, mais encore au moyen d'un lit supplémentaire ou de secours, infiniment préférable à tous les ouvrages qu'on pourrait faire en remplacement, surtout à ceux, prétendus insubmersibles, que leur nature a fait condamner par l'expérience et par la science hydraulique.

Si les changements survenus dans le régime des eaux de l'Isère, au point de vue important qui vient d'être signalé, peuvent enfin être compris à Grenoble, — et ils finiront par l'être, car ils sont réels et convaincants, — tous les obstacles à l'adoption d'un système, complet et efficace, contre les inondations, devront disparaître, et le chemin de fer pourra être établi dans toutes les conditions de sa plus grande utilité, soit relativement à sa sécurité propre et à son service, soit à raison des avantages immenses de sa combinaison avec les moyens de défense contre les inondations.

Sans doute, cela est compris par une partie des habitants de Grenoble; mais la partie résistante a été, jusqu'ici, assez puissante pour tout entraver. — Elle croyait avoir raison ; cela n'a été vrai qu'autrefois, cela ne l'est plus aujourd'hui. Les faits changent et se modifient avec le temps; c'est ce qui est arrivé pour le régime des eaux de l'Isère, on ne peut pas le nier. Les vallées traversées par cette rivière, dans le Graisivaudan et la Savoie, sont malheureusement encore soumises à ses inondations; mais elles ne servent plus de réservoirs, comme anciennement, pour la retenue et la limitation du débit des eaux. C'est pour cela qu'il y a la plus grande nécessité d'en régler et faciliter, d'une manière large et suffisante, le passage à Grenoble, et de le rendre partout inoffensif, au lieu d'ajouter de nouveaux obstacles à l'écoulement des eaux et de faire de vains efforts pour les comprimer dans un lit reconnu insuffisant.

La résistance à l'ouverture d'un déversoir à Grenoble, à la suppression des grandes courbes de l'Isère, et à toutes les mesures efficaces contre ses inondations, et surtout à la combinaison de ces mesures avec l'établissement du chemin de fer, cette résistance doit donc cesser ; il doit donc être reconnu que les divers intérêts qui s'y rattachent, bien loin d'être en opposition, sont solidaires, et qu'ils doivent s'unir, pour leur défense, par un concours simultané.

Cette solidarité des intérêts, au sujet des inondations et des moyens à y opposer, s'étend à la vallée inférieure à Grenoble ; toute opposition de sa part doit disparaître par les mêmes motifs qu'à Grenoble, c'est-à-dire, à raison des changements survenus dans le régime des eaux de l'Isère. Le système de défense nécessaire dans la vallée d'amont, est le seul qui puisse également être efficace dans la vallée d'aval à Grenoble, tant pour les propriétés riveraines que pour le chemin de fer qui y existe. On pourra le contester, persister dans la voie ruineuse, qui se perpétue dans cette vallée d'aval, des autres systèmes, ou plutôt de l'absence de système ; mais de nouvelles inondations telles que celle de 1859, se chargeront d'obliger à reconnaître, même pour cette vallée inférieure, la nécessité de l'application du système des deux lits à l'Isère. (Voir, au même sujet, dans mon premier mémoire, les pages 40, 41, 42, 43, etc.)

La simplicité et l'économie de mon système ne doivent pas être oubliées. Il peut être à propos de rappeler, notamment, qu'il n'exige que des digues, arasées au sol, sur les berges du lit ordinaire, digues déjà existantes, en général, et des bourrelets, ou levées en terre, pour clore et défendre le lit extraordinaire, pour lequel il n'y a point d'emplacement à acquérir, si ce n'est celui des bourrelets ; les propriétaires ne sont pas dépossédés.

Ces quelques mots du système, qu'on peut lire dans mon premier mémoire, ont pour objet de mettre le public en garde contre l'allégation répandue au sujet des grandes dépenses qu'exigerait, dit-on, le système général de défense contre les inondations de l'Isère, allégation qui est invoquée pour justifier le chemin de fer ou son tracé, d'être rendu étranger aux moyens contre les inondations.

Je persiste à soutenir, non seulement l'efficacité, mais encore l'économie que peut procurer mon système, pour tout ce qui concerne le lit ordinaire et le lit extraordinaire. J'ai en ma faveur l'autorité de M. Dausse, malgré des dissidences avec lui que j'ai expliquées.

Quant à ce qui doit être réellement coûteux, dans les ouvrages contre les inondations de l'Isère, cela n'est pas particulier à mon système, et y est même étranger ; mais cela tient à l'état des choses et des lieux, qui en font une nécessité, quel que soit le système de toute défense efficace contre les inondations de l'Isère : c'est le déversoir, à Grenoble ; c'est la suppression des grandes courbes de la rivière.

Voilà les deux mesures les plus coûteuses ; mais elles sont inséparables de tout système qu'on voudra rendre efficace ; sans elles, il ne faut pas songer à voir cesser les inondations... et cette nécessité, le chemin de fer doit l'accepter, au lieu de la répudier, puisque les bonnes conditions de son existence en dépendent ; je pense l'avoir prouvé. Il reste à attendre les conséquences. Pourraient-elles faire défaut, quand il peut en résulter, sur les dépenses contre les inondations, une diminution ou économie d'environ trois millions ?... Un tel avantage, attaché à la combinaison et à la communauté des deux classes de travaux, ne saurait être ni négligé, ni rejeté par la haute sagesse et les lumières de l'administration supérieure.

L'économie qui vient d'être rappelée, pourrait être encore plus grande, suivant le projet et système d'exécution de M. de Charlary aîné, en le modifiant et l'appliquant à mon système des deux lits de l'Isère, ainsi que je l'ai indiqué ci-devant. Je ne doute pas qu'il consentira à faire cette modification à son projet de travaux et à le réviser dans ce but. Il croit pouvoir établir que l'économie serait, dans ce cas, considérable, sur les prévisions officielles.

Ces observations me ramènent précisément à ce que j'ai déjà dit des motifs qui doivent faire cesser, à Grenoble, toute résistance à l'ouverture d'un déversoir, à la suppression des grandes courbes de l'Isère et aux autres mesures nécessaires contre les inondations. Le chemin de fer ne fait qu'en accroître la nécessité, et il doit être un auxiliaire décisif de l'exécution, tant comme moyen matériel extrêmement important et avantageux, qu'à raison de sa grande part des charges, tout en restant les mêmes que celles du tracé actuel.

J'ai des raisons de penser que la partie des habitants de Grenoble, qui a été jusqu'ici résistante, est aussi la plus active et la plus influente sur le sort des mesures à obtenir. Quand son concours sera acquis, il fera cesser l'inaction de la pluspart des intéressés; il leur donnera l'impulsion nécessaire, et les bons résultats seront prompts et heureux.

Ils se manifesteront par un changement d'état et de perfectionnement de toutes choses, et surtout de la culture, dans la vallée; la prospérité, actuellement impossible, y renaîtra, et l'on verra ce que peut produire un sol, naturellement riche et fécond, quand le fléau des inondations aura cessé, et que l'art agricole, aujourd'hui impuissant et misérable, pourra s'y développer dans les circonstances les plus favorables et les plus fructueuses.

Plus j'y réfléchis, plus je crois que les bons résultats ne peuvent être obtenus que par le système que j'ai proposé. On me permettra, dans ce but, d'appeler l'attention sur le § V, page 35 et suivantes de mon premier mémoire, ayant pour objet *les objections et leur réfutation*, et de reproduire ici un passage de ce même mémoire, pag. 71, ainsi conçu :

« **Mes** propositions n'ont qu'un but, l'utilité de **mon**
« **pays**; je les livre aux intéressés. S'ils les approuvent,
« s'ils sont aussi convaincus que je le suis moi-même **des**
« avantages qu'elles peuvent leur présenter et s'ils en
« désirent l'adoption et l'application, c'est à eux, c'est à
« leurs commissions syndicales à s'en emparer, à les sou-
« tenir, à les perfectionner au besoin, et à les faire préva-
« loir auprès de M. le Préfet, de l'Administration supérieure
« et partout où il y aurait lieu. S'il en est ainsi, il serait
« à propos et même nécessaire de le manifester sans perte
« de temps, par toutes les voies permises et régulières,
« par pétitions, délibérations, démarches, etc. Il ne faut
« pas oublier que l'Administration fait faire des études;
« qu'il importe qu'elles soient faites en connaissance de
« tous les systèmes, et surtout de prévenir toute déter-
« mination administrative prématurée. »

Ces recommandations me paraissent devoir terminer mes
nouvelles observations, complétant celles de mon premier
Mémoire; elles m'ont paru nécessaires, à raison des travaux projetés à Grenoble, comme de tous autres, contre
les inondations, et du tracé du chemin de fer dans la vallée, qui ne sont pas, à mes yeux, conformes au but qu'ils
sont destinés à atteindre, ni aux intérêts qu'ils ont à satisfaire. — Peut-être que tout cela eût été différent si les
intéressés n'étaient pas restés dans l'inaction; mais actuellement cette inaction deviendrait fatale. Il y a déjà des précédents très-fâcheux; j'ai cru devoir en signaler les dangers. J'ignore l'accueil qui sera fait à mes idées; il est très-
possible que leur temps ne soit pas encore venu; il viendra
infailliblement; mais j'aurais voulu prévenir les calamités
qui peuvent rester en perspective.

Comment voudrait-on qu'il n'y eût pas à prévoir des
calamités nouvelles, lors des crues de la rivière, puisque

la caducité et l'insuffisance, reconnues et déclarées dans le rapport du Ministre des travaux publics, des ouvrages actuels de défense contre les inondations de l'Isère, au lieu de faire décider l'adoption d'un système quelconque susceptible d'y obvier, n'ont inspiré aux auteurs du tracé du chemin de fer, que des idées de crainte et de fuite de l'Isère, avec son *statu quo* pour effet ; que la rivière restera ainsi en possession de toute la vallée, dans ses crues ; que le chemin de fer, qui pouvait la dompter, en subira la domination.... !

Il faudrait s'aveugler pour méconnaître ces affligeantes conséquences, qui sont inévitables, si le tracé du chemin de fer n'est pas changé et s'il n'est pas combiné avec le système général indiqué contre les inondations de l'Isère.

Isolément, je n'attends aucun succès, et je pense qu'il n'en peut être obtenu que par une grande manifestation, que les intéressés sont libres de faire auprès de l'Autorité compétente, pour demander l'adoption des mesures et du système que j'ai proposés, dans le cas où ils y donneraient leur assentiment. Leur refus ne doit pas être à craindre, mais seulement leur inaction..... Serait-elle possible, en considérant que la dépense contre le fléau des inondations, devant s'élever, dans la vallée, à cinq millions environ, elle peut être réduite, pour les riverains, par mon système et par sa combinaison avec le chemin de fer, à un million...? Serait-il possible aussi que la ville de Grenoble ne reconnût pas qu'il n'y a de garantie pour elle et pour sa banlieue, pour le chemin de fer et pour sa gare, contre les inondations, que par un déversoir à l'Isère, et qu'elle n'en réclamât pas l'ouverture, avec toute l'activité exigée par les circonstances? Pour tous les intéressés, ces circonstances sont celles *d'une heure suprême*, pour la fortune ou pour la ruine de la vallée du Graisivaudan.

La classe éclairée des intéressés agira comme elle l'entendra ; mais le plus grand nombre d'entre eux peut avoir besoin d'une formule. Malgré tout ce qu'il y a d'insolite dans une telle indication, je vais la donner : *honni soit qui mal y pense...*, car il s'agit uniquement du plus grand intérêt du pays.

Ainsi, la formule de pétition pourra se réduire à ces mots :

A Monsieur le Préfet du département de l'Isère.

Les habitants de. . . . . demandent, au sujet du chemin de fer à établir dans la vallée du Graisivaudan, et des moyens de défense nécessaires contre les inondations de l'Isère, l'adoption et l'exécution des vues et du système général de M. P.-J. Giraud, conformément aux deux Mémoires par lui publiés à cet effet, ayant pour but principal de faire combiner les ouvrages du chemin de fer avec ceux contre les inondations.

A. . . . . . le. . . . . . .

(Signatures.)

Cette simple pétition sera suffisante, parce que je déposerai à la Préfecture des exemplaires de mes deux Mémoires.

L'enquête, qui sera nécessairement ouverte et faite à la préfecture ou dans toutes les mairies, sur le tracé du chemin de fer, sera une occasion facile et toute naturelle d'y comparaître et d'y faire les mêmes réclamations, soit individuellement, soit collectivement. La facilité est même plus grande que par la voie des pétitions, et il est à désirer qu'on ne néglige pas d'en profiter. — Dans ce cas, le fond de la réclamation doit être le même; il suffit qu'elle soit consignée dans le procès-verbal d'enquête, ou faite par écrit séparé, annexé au procès-verbal, sans préambule et en ces termes :

« Comparaît ou comparaissent (tel ou tels), lequel ou lesquels ont demandé, au sujet du chemin de fer, etc..... » (Le reste comme pour la formule au cas de pétition en dehors de l'enquête.) Rien n'empêche d'y ajouter d'autres observations sur des circonstances locales particulières. — Mais si l'enquête était retardée, il ne faudrait pas hésiter, vu l'urgence, à user immédiatement de la voie des pétitions.

Que les plus actifs des intéressés et habitants de chaque commune riveraine de l'Isère prennent l'initiative, dressent les pétitions ou réclamations et les fassent signer par tous les adhérents. Nul n'est plus apte à cette mission que les membres des commissions syndicales. Evidemment, messieurs les Maires des communes riveraines ont une influence prépondérante et ils s'empresseront de l'employer à une œuvre de salut pour la vallée. Le temps presse et il n'y en a point à perdre. — Si les réclamations arrivent en grand nombre à la préfecture, par pétitions ou par comparutions dans l'enquête; si l'élan est général, si les intéressés y concourent comme un seul homme, il est impossible que l'Administration supérieure ne donne pas satisfaction à des demandes fondées sur la nécessité de changer le tracé actuel du chemin de fer, pour l'améliorer, et de le combiner à cet effet avec les moyens propres à faire cesser le fléau des inondations : de telle sorte qu'on peut dire, avec vérité, que la cessation du fléau et la disposition du chemin de fer la plus avantageuse, sont aux mains et au pouvoir des intéressés. Puissent-ils aviser !

Domène, le 1er juin 1861.

P.-J. GIRAUD.

Mémoire additionnel au Système général de défense efficace contre les inondations de l'Isère à Grenoble et dans ses vallées : démontrant la nécessité de combiner avec ce système, l'établissement du chemin de fer / par Pierre-Joseph Giraud

http://gallica.bnf.fr/ark:/12148/bpt6k96089745